헛소리 같지 않은 뻘소리라고 누가 그래?

박하경 2시집

채운재 시선 162

헛소리 같지 않은 뻘소리라고 누가 그래?

박하경 2시집

쏟아부을 수 있는 날, 우리들의 시간
은밀하게 누리는 기쁨의 닻이 오르는 시간

시인의 말

글쟁이의 소란

어떤 순간 낯선 단어와 마주침이란 어린 시절 훔쳐보았던 껍데기를 깨고 세상 밖으로 얼굴을 내밀던 젖은 병아리 같다는 생각을 한다.

난생처음 대한 듯 새로운 단어 그리고 말. 이들이 내 생명을 이어가는 숨이다.

이 낯섦이 익숙이 되고 익숙이 심장에 새겨지면 또 다른 새로움을 창조하고 연출하면서 문장이 되더라. 하여 난 낯섦을 쫓는다. 낯섦을 조각하는 연금술사들을 끊임없이 쫓는 이유도 또 다른 연금을 캐낼 희망 때문일 것이다.

살다 살아내다 살고 보니 이만큼 시간의 초침 위에 걸터앉아 세상을 지켜보노라면 불쑥불쑥 이기적으로 튀어 오르던 낯섦과 익숙이 버무려져 개떡을 쪄내기도, 백설기를 쪄내기도, 못난이 빵을 굽기도, 조물조물 나물을 무치기도.

아무렇지 않게, 아무렇게나 쌓인 것들을 묶으면 맛있는 성찬이 되려나.

꽃이 피었다 흔들리다 지듯, 나뭇잎이 무성하다 벗기를 반복하듯, 나의 소란도 썼다 지웠다 고쳤다 담금질하다 술사의 경지에 서 보려나.

혹, 나 죽어 잊혀지지 않는 한 편이라도 있어 영생을 누리길 지극으로 바라면서 여전한 소란 속에서 숨을 토해 놓습니다.

2023년 아카시아 꽃향기 어우러진
오월의 어느날

秀重 박 하 경

차례

시인의 말 ─ 글쟁이의 소란 … 4

1부 헛소리 같지 않는 뻘소리라고 누가 그래

헛소리 같지 않은
뻘소리라고 누가 그래? … 14
신을 향하여 화살 당기는 법 … 16
화형火型 … 18
서랍 정리 중 … 20
사과를 깨물며 … 22
가을바다 상념 … 23
황진이가 화성으로 간 까닭 … 24
시간, 의자에 앉히기 … 26
달에 잠긴 사랑의 빛깔이려니 … 27
달이 시리다 … 28
봄, 사냥 … 29
꽃길을 걸으며 … 30
누구나 한 번쯤 섬이기를 … 31
산다는 거 … 32
목련 아래서 어쩌랴 … 33

나비 … 34
튤립 … 35
모란화 … 36
모란 … 37
만수국에 관한 관찰 … 38
은행나무 … 40
일심동체 … 41
벚꽃 절정 … 42
넘어의 너머 … 43
대학로 … 44
표절하기 … 45
벗과 자두의 추억 … 46
산막골 그 깊음의 기품 … 47

2부 사량도 전설 따라잡기

사량도 전설 따라잡기 · 1 … 50
사량도 전설 따라잡기 · 2 … 54
사량도 전설 따라잡기 · 3 … 56
사량도 전설 따라잡기 · 4 … 59
사량도 전설 따라잡기 · 5 … 60
꽃비가 내리던 날 … 62
지인지답 … 63
한복을 입으며 … 64
목련 … 66
벚꽃 엔딩 … 68
無影의 魂 … 70
상사화 … 72
상사화 · 2 … 74
첫눈이 내리는 시간엔 … 75
아까시에 얽힌 추억 밟기 … 76
꽃 편지 … 77
바람의 집 … 78
잠들지 못하고 … 80
Q를 그리워하는
그대에게 · 2 … 82
무제 · 1 … 83
무제 · 2 … 83
무제 · 3 … 83
만남 … 84
사랑은 … 86
바다 내 품으로 … 88
비 스토리 … 90

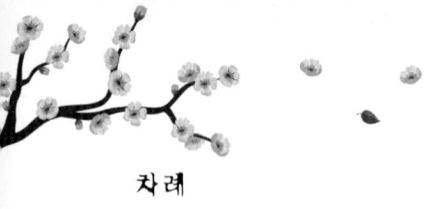

차례

3부 웃음의 통로 슬픔의 통로

절뚝발이 군남씨의 여행 … 94
별 … 97
도토리묵과 어머니의 분노 … 98
어머니와 놀기 … 100
2분 30초 … 102
시어머니와 엘리베이터 … 103
어머니의 수의 … 104
만우절 … 105
참말로 느그 아부지같은
사람 없어야… … 106
할머니 … 108
마처족을 위한 건배 … 110
26년 후 … 112
망각의 잔을 부어라 마셔라 … 114
고구마순과 호랑나비
그리고 담배 … 116

마스크 인간 … 117
화사 아련한 화사 … 118
봄, 판을 깔다 … 119
꽃밭에서 … 120
목련을 부여안고 … 121
벚꽃 파티 … 122
어여쁜 옷 입고
봄 안에 들고 싶다 … 123
정한수 … 124
흐린 날의 여행 일기 … 126
나도 그랬느니라 … 130
살구에 대한 단상 … 132
언덕 위의 하얀
집여사님의 냉이 소회 … 134
파김치를 담그며 … 136

4부 뒤죽박죽 수다 풀기

뒤죽박죽 수다 풀기 ⋯ 140
한국인의 DNA ⋯ 142
어리의 연두 ⋯ 144
호모사피엔스 &
   포노사피엔스 ⋯ 146
신들께 고하나니 ⋯ 148
허난설헌 묘소에서 ⋯ 150
6월 ⋯ 151
서희 장군 묘소에서 ⋯ 152
백마고지에서 들려 나는 ⋯ 154
6.25 ⋯ 156
영릉에서 ⋯ 158
한탄강 ⋯ 160
한탄강 하소연 ⋯ 162
삼팔선에 대해 알고
   면장질 좀 하자고 ⋯ 164

그리움 ⋯ 166
어이 K 보소 ⋯ 167
아침엔 ⋯ 170
소년의 제국 ⋯ 172
재인, 재인이어라 ⋯ 174
족보 이야기 ⋯ 176
진달래 연서 ⋯ 178
촛불 ⋯ 179
수국의 노래 탄생의 노래 ⋯ 180
목련 눈부신 조락하다 ⋯ 181
밤이면 밤마다 ⋯ 182
귀신같이 찾아온다 ⋯ 184
어느 공주님과의
   이별 이야기 ⋯ 186

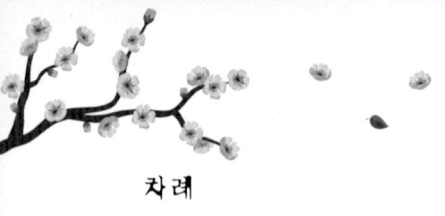

차례

5부 인생을 한마디로

인생을 한마디로 … 200
방하착 착득거 … 201
한계령 가는 길 … 202
장마를 맞으며 … 203
군자란 낙화하다 … 204
꽃범의 꼬리 … 205
어느 봄날의 일상 … 206
봄밤의 밀어 … 208
밤과 잠 사이에 … 210
사나사 와불 되어 … 212
계란말이 … 214
건강검진 받던 날·1 … 216
건강검진 받던 날·2 … 218
까면 더 예뻐요 … 220
낙화 … 221
평택호에서 … 222
나비 죽다 나비 살다 … 223
섬진강에 왔어요 … 224

세컨드와 첩의 사이 … 229
이 쌍노무새끼야 … 232
긴급재난 공지 … 234
관념께기 지극히
어리석은 또는 졸렬한 … 235
비상시국 … 238
코로나19와의 전쟁 … 240
어느 가을날 … 242
사기충천에 사기죽다 … 244
낙타를 타면
더 많이 보인다·1 … 246
낙타를 타면
더 많이 보인다·2 … 248
낙타를 타면
더 많이 보인다·3 … 250
낙타를 타면
더 많이 보인다·4 … 252

6부 요양일지

요양일지를 시작하며
- 은혜로 합창합니다 ··· 256

요양일지 · 1
- 요양원 첫인상 ··· 258

요양일지 · 2
- 시드는 꽃도 고와라 ··· 260

요양일지 · 3
- 풍경 ··· 261

요양일지 · 4
- 떠나는 자의 비애 ··· 263

요양일지 · 5
- 별거 같은 인생 별거 같지 않은 인생 ··· 265

요양일지 · 6
- 사람 똥 치우는 년, 개똥 치우는 년 ··· 268

요양일지 · 7
- 눈물 ··· 271

요양일지 · 8
- 떠나온 길 끊어진 길 ··· 273

요양일지 · 9
- 피에 관한 진리에 대한 소견 ··· 276

요양일지 · 10
- 곡소리로 곡하기 ··· 279

요양일지 · 11
- 화장과 화장 사이 ··· 281

요양일지 · 12
- 나 오이뿐이다 ··· 282

요양일지 · 13
- 다짐과 길 ··· 284

요양일지 · 14
- 끝없는 인내와 자비와 긍휼의 관계성 ··· 286

요양일지 · 15
- 석양증후군 ··· 289

요양일지 · 16
- 무병장수 유병장수 ··· 291

요양일지 · 17
- 저, 꽃 환장나게 이쁘다 ··· 293

요양일지 · 18
- 출구 없는 갇힘에서 벌어지고 있는 일 ··· 295

요양일지 · 19
- 가지치기 ··· 297

요양일지 · 20
- 나 요즘 ··· 299

요양일지 · 21
- 효자손 ··· 301

1부

헛소리 같지 않은 뻘소리라고 누가 그래

헛소리 같지 않은 뻘소리라고 누가 그래?

시간은 중요한 것을 잊게도
중요하지 않다 생각한 것도
성실을 위장해 끄집어내기도 하지
분할되었던 애정도 오롯한 애정도
마음대로 채색을 바꾸어서 말이지

세상에서 가장 지키기 힘든 두 가지는
이건 비밀이야
이것만은 하면 안 돼 라잖아
웃겨, 안 되는 게 어디 있겠어
쓸개 빠진 울림의 메아리일 뿐인 게지

중이 제 머리 못 깎고
무당도 제 죽을 날 모르며
날고 기는 예언자도 자기 앞날 모른다지
팔자 도망은 무당도 못 한다는데
나라고 별수 있겠냐며
무작정 끌려가는 것 같아
멈추려고 발버둥 쳐보다가
잽싸게 체념하며 욕튀로
늘 마침표를 찍고 말지

삼도천 입구에서 죄인이
가는 길을 정해주는
탈의파라는 귀녀가 가장 좋아하는 꽃이

지옥에서 자라지 않는
종이꽃이란 글을 본 뒤부터
종이꽃만 보면 웬 놈의 귀신이 따라붙는다니까
귀신같이 알고 귀신같이... 쳇

끌고 와서 차 한잔해야겠어
너 뭐지? 대거리해볼 참이야
사람의 죽음은
숨을 멈출 때가 아니라
기억에서 사라지는 순간이라는 말이
맞으면 어떡하지?
숨을 계속 쉴 필요를 느끼게 하는
이 말이 참 서글프다고
억울해지는 심사는 뭐냐고

침묵이 더께처럼 앉은
그 순간을, 멈춰 세워놓았던
시간의 고릴 끊어야 하는데
운명이라 하긴 거추장스럽고
뭐 그런 거 있잖아
시답잖게 생각했던 단어 하나 지절였는데
시간이 확 흐르기 시작했다는 것 아니겠어
지금 나, 흘러가기 시작했다고.
어디론들 흐르기 시작한 게
오지랖이 아니길 쪼록 모쪼록

신을 향하여 화살 당기는 법

잠을 잡니다
나의
잠의 세계는 늘 달콤합니다
누군가는 말합니다
죽으면 실컷 잘 건데
살아서 잠을 자는 건 시간낭비라구요
아마도 죽으면 더 바빠질 것을요
제한된 시간을 벗어버린
영혼의 폭주가 시작될테니까요

겨울 나목이 묵묵합니다
저들의 잠의 세계는 고요합니다
문득 치열하고자 뿌리를 깊숙이 내립니다
자객처럼 봄이 닥쳐도
의연한 자유를 떨치려면
잠이 흔들려선 안 되기 때문입니다

오늘
나무처럼 잠의 세계에
뿌리를 박습니다 더 깊숙이
달큰함에 취해 얼굴을 묻어
자객처럼 숨어드는
봄 속에 녹아
신의 홍취로 눈부신, 부신
화살을 쏘아 올려야 하기 때문입니다

결코 힘이 센
신들의 함정을 겨냥해서 쏘아 올리기 위해
고요한 잠의 대지로
영혼의 뿌랭이를 뻗습니다

화형火型

숯가마 앞에 쪼그려 앉아
화형을 생각한다
화형을 당한 사람들이
차례대로 벌떡 뼈대가 되어 일어선다

그러고 보면
신들은 참 잔인하기도 하지
아주 몹쓸, 절레절레
신들을 믿는 인간들은 더 잔인하고 말이다
가톨릭의 화형이 그를 방증하니까

회개하지 않은 자들은
서서히 태워죽였다는
 ―제발 장작을 더 넣어달라 애원했다는 사람들의 절규가
숯가마 숯불에서 들려 나는 듯하다

잔다르크의 화형은 덫이다
신의 계시
전쟁
승리
모략과 덫에 걸리다 남성의 덫
여자가 감히?
팔고 샀다가 태워버린 남자들의 법
그 굴레를 신은 외면한 것인가

애시 신은 방종자였을 뿐인가
결국 신의 오만한 덫

저 이글거리는 숯불에
투신하면 내 영혼이 불살라질까
불로 불로 달겨드는 인간 무리들
암을 태워버릴 기세가
잔다르크 만큼 용맹스럽다
잔다르크가 애처로운 이유다

서랍 정리 중

수십 수백 개의 서랍이
엉망으로 흐트러졌다
나의 뉴런의 방 서랍들
반세기 동안 저장해 놓은
데이터베이스들이
주인도 모르는 사이 길을 잃는다
봄이 오는 길목에서 겪는
내 방의 시크릿 현상
간혹 호흡이 가빠지고
혹은 심장이 멎을 듯 통증이 일어나고
몸 안 구석구석 비밀스러운
발아가 일어나는 소리
영혼은 봄맞이로 분주한다
봄은 구부렁한 골목을 돌고
바람의 등쌀을 업고 빠르게
숨 가쁘게 달려오다간 삐진 듯 우두커니
저 멀리서 바람만 앞세우고 미동도 하지 않는다
골난 아이처럼 성난 아낙처럼

이렇게 겨울과 봄 사이
내 서랍들은 지진을 일으키고
허리케인을 발동하고
발광을 하며 푸른 씨앗을 놓는다

헝클어진 서랍을 정리하다가
구석방 서랍안 삼국지를 꺼내본다
어 항우가 왜 없지
항우에게 심폐소생술을 실시한다
그래 그대여
중국 초나라 향연의 손자로
한나라를 세웠지
암만 생각해도 30대 요절 맞든가
삼국지 서랍 데이터베이스에
그대가 있을 리 없건만 내가 봄 앓이로 이렇다네

이런 날은 머릴 잘라야 한다
할 수만 있다면 짧게

사과를 깨물며

옆얼굴이 붉구나
까마득한 날 내 마음 바다 앞에
처음 섰던 심장을 닮았구나
깨물고 싶음을 접고 접고 또 접었더니
하얗게 붉음이 더욱 붉어지네

단내가 잇사이로
샘물처럼 퍼지는구나
당신 첫 입술이 유성의 흔들림으로
내 입술 위에서 하얗게 그토록 붉었었어
입술과 입술의 부딪침으로
터져났던 붉은 샘물 그 맛이네
당신이 끝없이 오물거리며
속삭였던 붉디붉은 맛

밤새 나 당신을 깨물어
나 당신을 베어 물어
나 당신의 달디단 샘물을 마시네
나의 초대를 거절하지 못해
입속의 유영에 유희하는 사랑이여
잘근잘근 씹히며 거친 화선지에
충돌하는 홍매같은 진한
사랑의 몸부림이라니

가을바다 상념

스무 마리 남짓 전어가
바다를 통째로 옮겨왔다
현란한 춤을 추는 전어들을 엿보는
주방장의 칼춤이 어우러진 가을밤
전어들은 두려움 없이
자신들의 전설을
수족관 바다에 풀어 놓고 있다

저들의 바닷속으로 손을 담가
전어들이 뱉어낸 이야기들을 건져야 한다

어떤 개싸가지 없는 인간이
가재미에 인간을 빗대 시란걸 쓰느냐며
바락바락 입에 침을 튀기던
아지매의 기함하던 외침도 함께 휘저어 —

현대시를 당췌 이해할 수가 없어요
어떻게 말도 안 되는 말을 늘어놓는 지

전어들은 아랑곳하지 않고
바다와 가을과 전설에 대한 시어들을 산란한다
수족관 바다를 통째로 엎어야 한다
저 바다에 침수하여 목숨 버려야 한다

황진이가 화성으로 간 까닭

황진이는 다시, 돌아오지 않는다
아니 돌아오지 못하는 까닭은
화성에서 황진이를
황진이답게 알아주기 때문이다
귀환을 미루는 것은 자신을 알아줄
인류의 일류가 없기 때문.

거기서, 희미한 옛사랑 그림자 언저리 기리며
마른풀섶에나 맺히는 이슬이나
입술로 털어내고 있다
화성엔 시간이 장난하며 비를 내린다
누가 봄비는 나폴리에서만 내린다고 했는가
황진이를 위해 비는 날마다 내리는데.

화성엔 주소가 없다
그리움의 별도 없다
비수 같은 그믐달만 지구에 얹혀
아이들의 웃음소리를 비로 뿌린다
그곳에서. 신은 고독하다
황진이를 위해 허연수염 기르기를 마다하지 않던
신들의 행렬은 슬픈 짐승처럼
우두커니 서 있을 뿐.

화성으로 파견된 신들은
외로워 귀환을 꿈꾸지만
지구로 귀향하지 못하는 황진이의 까닭은
지구에 다운 남자가, 남자다운 남자,
자신의 재주를 알아주는
인류의 일류가 부재중이기 때문.

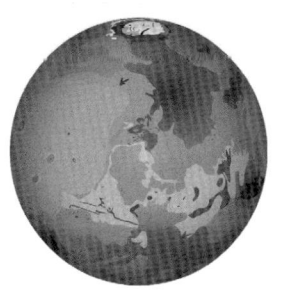

시간, 의자에 앉히기

"부인 5분 데이트 신청하오"
"겨우 5분요?"
"시간은 사람이 만든 거야 정지시키면 돼"
"시간을 어떻게 정지시키죠?"
"자, 간단해 지금부터 절대 시계를 보지 마
이 순간부터 시간은 정지된 거야"

사람은 시간을 조각내고 시간에 맞춰 스스로 늙어간다
하나님은 사람들이 시간을 조각내어 늙어지는 일에 협조자.

달에 잠긴 사랑의 빛깔이려니

　노을 속으로 달이 떠오르면 비로소 길을 열어 보인다는 그 강가에 서 있었지. 하늘에 있다는 열두 개의 문에 관한 전설로 흩어진 조각들이 맞춰진다는 곳. 달빛 노을은 어둠을 오묘한 색칠로 덧입혀 세상과 경계를 갈랐지. 달빛 나린 강으로 신들이 모여들고 꾀하던 음모의 걸음을 멈추고 갈라진 사랑의 노래를 부르며 그리워하고 아파했어. 달빛을 피해 피안의 탑을 무너뜨리고 꺾이지 않으려, 달아나려 시퍼런 반대편 달빛으로 뛰어내렸던 암울이 너울대었지. 달빛의 옷을 입고 달의 허상에 뛰어들고를 반복하는 강의 입구에서 바람의 심장이 달빛에 물들어 소용돌이를 시작하며 일어서고, 노을을 벗은 푸른 달이 알몸을 보이면 내 사랑이 고요히 날개를 펼쳤지. 보고 싶었어. 영원의 무게를 짊어지고 그대와 나 이렇게 마주하네. 달이 지기 전 달이 색을 흩트리기 전 우리 손을 맞잡네. 스러진 영혼들이 물줄기를 일구어 달빛으로 흘려내며 반짝이네. 보랏빛 달빛으로 물들이는 꿈의 성지 그 강가에서 우린 다시 영원으로 마주 서네. 이걸 우린 운명의 색이라 명명하네. 흔적 없는 도사림으로 일어서는 유혹의 빛깔이려니.

달이 시리다

가을이 오고 있나 보다. 달이 시린 걸 보니.
기묘한 필멸 그리고 생멸을 화두에 두고
오래 생각을 끌다가 지금 눈을 감고 자르고 일어선다..
가을부터 맞는 게 예의니까.
아직 잔다란 생에 발을 딛고 있으므로.
마음이 차다. 아무래도 곧 다가올
시월을 닮은
시린 달을 담기 위함인지.
바람 같은 육십 두 해, 먼지 같은 육십 두 해,
찰나 같은 육십 두 해를 짐처럼 끌어안은
여정을 달 아래 풀어 놓는다. 반드시 풀어 놓아야만 한다.
그간 스스로 속박의 매듭을 지었나 보다.
쉬 풀리지 않는 것을 보니.
선선한 그리움이 왈칵 달 이면을 돌아친다.
그리움이란 이 뻔함이 참으로 거대한 태양을 짓기도,
달들을 태동하기도,
무수한 별들을 생산해 내기도 한다.
달은 죽어가다가도 그리움을 만나면 시리게
다시 삶을 연장하나니. 목숨들을 공급하는 탯줄에
정기를 부어 일어나게 하나니.
달이 시리다. 가을이 오고 있나 보다.

봄, 사냥

그 색깔 없는 말에 설레는 내가 있다
최애와 애정을 끌어 담은
흠모의 갈구를 관망만 하는지
끝내 전해지지 못한 채 흩어져 버려
언제쯤 거기 닿아 웃음을 놓을 수 있을까

방금 마트에서 산 완도 미역처럼
산란하듯 줄기찬 숨결이라고
영원에서 와서 영원을 살면서
삶의 종지부를 마감할 마지막 대사도
함께 쓰면 좀 황홀하겠냐고

늦겨울 독한 바람이
너와 나의 또 다른 시작을
추격해 되쫓아 왔더라도
녹여버릴 온정의 숨을 지녔다고 난
반드시 잡고 말겠어, 맹세를 돌아봐 줘

더 이상 관망하지 마.
아직 내겐 너를 채울 여백이 있어.
너와 나의 봄을 그릴.
영겁처럼 되풀이되던 숨바꼭질을 멈춰 세울.
나를 바라봐 넌 내거니까.

꽃길을 걸으며

이 꽃길은 1900년대에도 걸었고
2000년대에도 걸었다
내 나이 스물이 되기 전에
이 꽃길은 지루했다
서른 즈음엔 인생이거니 꽃이거니
산다는 일이 무관심의 연속선이었다

마흔쯤에서야
꽃이 꽃다와 보이는데
눈이 떠지고 꽃의 의미를 알았다
찬찬히 꽃이 피는 이유와
빠르게 지는 의미를 새길 줄 알게 되었다

때론 이 길을 슬픔으로 걸었고
때론 이 길을 외로움으로 걸었고
때론 이 길을 호화로운 환희로 걸었고
때론 이 길을 걸으며 사랑을 나누었다

쉰다섯에 맞은 이 꽃길은
이제 내게 스승이 되었다
왜 멈추어 서서 꽃을 들여다보며
눈을 마주치고 웃어야 하는 가를
왜 꽃과 함께 길을 가야 하는 가를
꽃은 피고 지며 묵묵히 가르쳐준다

누구나 한 번쯤 섬이기를

홀로이길
겁대가리 없이 갈망하다
섬이 되었던 날
떠다니던 자유를 깃대에 꽂아
왕국을 선포하고 문패를 달았다
허무의 안개로 짙은
닻을 내리던 수많은 날이
다가오고 또 다녀가자
멀건 철학의 덧셈으로 탄생했던
오만의 거울을 부수고
돌아서 섬 탈출기를 짜야만 했다

산다는 거

먹고 싶었던 흰 찰밥을 쪄서
꾹꾹 주먹밥으로 쥐어 깨무는 거

봄 향 가득 품은 붉은 딸기를
한 입 담뿍 깨무는 거

미뤄 두었던 책 끌어다 놓고
뒤척이며 배밀이하며 읽는 거

티비 채널을 돌려보다
제목 모를 영화 한 장면 눈도장 박는 거

집앞 야구장 넘어로 진군하는 햇살
창문 활짝 열어 집안으로 훔쳐 오는 거

티포트에 물이 다글다글 끓어나면
커피믹스 한 잔 타서 홀짝이는 거

우선은 우선은 이렇게 숨 쉬는 거

목련 아래서 어쩌랴

미친 듯 하얀 웃음을 그리도
폭삭 쏟아놓으면
나 입 찢어지게 어찌 안 웃고 베기나

마침 도적놈 같은 비님 오시면
백옥 같은 얼굴에 반점 앉을까
어찌 근심 않고 쉬 잠들 수 있겠나

봄이 내장을 드러내며
대지의 사지를 찢는 밤의 연속
통증으로 질러대는 4월의 비명

내사 죽것소이다
비명횡사로 관상동맥이 분질러지것소이다
웃다가 울다가 이 봄 목련아래 목매달것소이다

나비

섬광 같은 흠모여
파멸로 치달았던 추락
결국 천년 날갯짓 비상
내게 색을 다오
너를 향해 날 수 있는 독배의 색

봉창에 침 발라 뚫었던 구멍으로
너를 엿보던 날
추락의 끝을 보고서야 날겠는가
억겁을 돌아 돌아 돋은 날개

두근두근 황홀한 숨
갇힌 그림에서
침잠을 깨워내 팔랑의 날갯짓으로
새벽녘 별이 흘렀던 그 강으로
영혼만이 스미기를.

튤립

소녀야
내 흠모를 입술에 담아
온몸에 머금었구나
나는 아침 이슬처럼 너를 적시고
너는 바람으로 일어나
나를 맞으렴
내 손을 잡고 영혼의 몸을 일으키렴

내 사랑의 이름은 붉고 푸르며 또 붉어 시리고 맑구나

소녀야
너는 사월을 닮아
희고 푸르고 붉으며
차가움으로 옷을 입었구나

4월의 열린문으로
너의 영혼의 옷을 펼쳐
나래짓으로 내게 오렴
사랑이란 이름으로!

모란화

위험한 사랑일수록
더 깊이 중독되거늘
신조차 자웅을 겨룰 수 없는
연민의 마음
나를 닮은 계절이 지나고
미치도록
너를 향해 달린
내게 너는
나를 꽃피우는 봄

모란

그가 왔다
꽃 되어 그가 왔다
올봄은 마치 활화산처럼
요동치며 그를 내게 데려왔다

선한 웃음으로 어깨를 흔들리게 하는
다정한 말투로 영혼을 평안하게 하는
어떤 대화에도
매력 넘치는 싱그러움으로 웃게 하는

그가 새처럼 구름처럼
내게 왔다

소담스러운 꽃잎 한 장
내 찻잔에 띄워 놓고
올해도 그가 내게 다녀갔다

만수국에 관한 관찰(메리골드)

헤어졌던 벗, 천수국과 나란히
가슴을 함께 했던 순간
지극한 쾌락이 덮었던 언덕이었지
백억 광년쯤에서 되돌아와
뭉텅뭉텅 뱉어진 회억에
너의 낯 색이 발긋하게
짙었던 걸 난 결코 잊지 못해

때론 장화 신은 고양이 눈빛이었다가
때론 소라게처럼 모가지를 숨겨버렸다가
새파랗게 쏟아지는 가을볕에
꽃잎 한 장마다 희미하게 매달린 웃음기로
발정 난 가슴팍을 유혹했다가
처연하게 달아건 비창의 슬픔이었다가

눈물을 흘리면 세상의 눈이 뜨인다지
올올이 세상을 깨우기 위해서라지
추억이란 각자 다르게 적히는 기록이라지
다시 멀어서는 안 되기에 확인해야 하는
달뜬 포옹 달뜬 박동으로 눈뜬 세상이어야 하기에

서글펐던 세월을 눈에 담아
서러웠던 세월을 눈에 담아
아팠던 저린 세월을 눈에 담아
가 닿을까. 그대 영혼에 가 닿을까
보지 않아도 보여
듣지 않아도 들려
그대 눈빛에 다시 스며드는
내 붉은 멍울일지니
눈을 떠. 눈을 떠야 할 시간.

은행나무

장대처럼 길디긴 목숨 가지런하다
똥내로 계절을 진군하는 몸 부끄럽지 않다
똥내 가득 담긴 누런 씨앗 주머니
알알이 박힌 몸 자랑스럽다
우두커니 살아남아
인생사 깊숙한 속살까지
낱낱이 지켜본 속내 든든하다
보호색으로 기꺼이 똥내를 택한 기발함
제 똥도 더럽다 멀리하는
인간사를 꼬집어 보란 듯 똥을 안은 지혜
오직 그녀만은
똥내로 가을을 휘두르며 대접받으며 당당하다
오늘, 청빈한 가을날을
순간, 망토를 벗듯 잎비로 털어내더니
나목으로 우월한 자태를 하늘 아래 세운다.

시작노트

2011년 가을 아침
처갓집 앞 은행나무가
나를 불러 세우더니
그녀가 한순간 온몸을 떨어
순식간에 잎을 떨구어 나목으로 섰다
꿈인지 생신지 경이로움 절경 속에 애모 심다

일심동체

성형외과와 노인요양원이
나란히 누워있다
좀처럼
드나드는 인기척이 없는 이곳은
컴컴한 밤중에 구미호들이
둔갑하는 은밀한 곳

구미호들은 하나 둘
꼬리를 잘라 늙음과 맞바꾸는
둔갑술을 쓰다 결국
죽음의 벽과 맞닥뜨리고
잘릴 꼬리가 남지 않으면
소리없이 요양원으로 건너가 눕는다

두 병동은 나란히 누워
서로의 민낯을 알기에
등을 돌리다가도 어느새
껴안아 하나가 된다
요양원은 어느 날
노인을 떼버리고 은빛으로 장식한
실버란 이름으로 개명했다
옆에 누워 열심히
바느질을 하던 성형외과에서
문패를 바꿔주었다.

벚꽃 절정

사월이면 당도하겠지
어쩌면 삼월일 수도 있어
눈이 시릴 새하얀 소금을 뿌린 듯
미리내를 흩뿌린 듯
이 땅을 점령하러 보무도
당당하게 한꺼번에 달려들 테지

둘만의 다정한 손잡이로
서로를 농락하는 하얀 계절
그 아래 차마 입맞춤을 포기하고
연인들의 몫으로 떼어주어만 할
숙제 같은 화려한 퍼포먼스의 대가

아주 오래전 언약을 묻었던 그 몸
붉은 낙인되어 선 채로
차마 선연하여 눈부시게
나의 마중을 준비하는 기둥
절정의 완성이 곧 내게 이루리니!

넘어의 너머

먼 산 보지 마라
우두커니 넋 놓는 거 아니다
먼 곳을 응시하면
시야를 채우는 반경을 넘어서면
곧바로 제지당했던 유년의 넘어의 너머
넘어의 너머를 움켜쥔 권력자는 누구였을까

머리에 붉은 띠
밤에 켜든 촛불에게
넘지마라 넘어서지마라
절대의 힘처럼 막아선
최루탄과 물폭탄 세례식
흉폭하고 교활한 저지선 넘어서면
희망으로 넘봤던 그 넘어의 너머가 실재할까

쉰다섯 해 경계를 그으며
내 달꽃이 시름시름 앓더니
어느 날 넘어의 너머를
기약하며 꽃이 지더라
여느 꽃진 자리가 그렇듯
산이었던 몸, 대지였던 정신
꽃씨 한 알에 담았나니
쌈지에 간수해서 나 늘 꿈꾸었던
넘어의 너머로 그 너머로까지 떠나보리라

대학로

거기 수백 년 목숨 값하는
은행나무 있었지
타는 살냄새를 진동시키며
청춘들의 심장을
불살라 먹어 치우며
당당한 자리를 주장했던 너

아팠던 심장에
식고 무뎌진 양심에 박힌
절규의 대못을 뽑아내고
피를 돌리고
부서진 뼈에 생기를 불어
일어서게 하던 너

야릇한 인연처럼
봄만 되면
내 살을 데우며 내 목숨을 데우며
깊숙이 찌르듯
아픔으로 환희로
혼미한 정사의 흔적처럼
마음의 창을 흔드는 너

너의 봄과
나의 봄이 만나면
난 이렇듯 아프다

표절하기

인생은 누굴 표절하는지
무엇을 표절하는지에 따라
삶의 수위가 달라지는 것

세상을 가득 채운 사람들
그리고 널린 책들
이 중 얼마나 잘 골라서
표절해야 하는지
모든 감각을 쏟아부어야 한다

일제강점기에 목숨 바쳐 항거하며
조국을 지킨 사람들이거나
세계를 빛낸 위대한 인물들의
철학이거나 당당하고 정직하고
실력 있는 사람들이 쓴 온갖 책들이 있었다

표절의 달인으로 반세기 갈고 닦아
쓴 내 페이지에 뉘라서
표절이라고 손가락질할 손가
난 좀 더 나은 표절을 위해 힘쓰리
그리고 날 포절하는 자 있길
간절히 바라노니!

벗과 자두의 추억

어릴 적 마당에 자두나무 있었지
엄청 큰 자두가 열렸는데 그 맛이 달았어
아버진 좋은 것부터 먹으라며
가장 굵고 실한 놈으로 따서 먹여주셨지
벗이 들려준 자두에 얽힌 유년 이야기

자두꽃은 새하얀 눈처럼 앉았다가
새하얀 눈처럼 흩날려 봄을 떠났다
그 모습이 몽환적이었지 참 예뻤다니까
그 자리에 푸르게 시작해
바알간 열매가 달리면 자두라 했지

새콤달콤 맛 속에 단맛이 윗자리 차지했지
이런 자두의 맛 속에
벗의 생전 아버님의 모습이
선하게 자리 잡으셨지
좋은 것으로 먹어라 내미시던 아버지 손
크고 붉은 놈으로 따서
바지에 쓱쓱 닦아 내미시던
정겨운 손이 오늘도 쓰윽 자두를 건네시네
맛있네 맛나네 벗에게 슬그머니
굵은 자두 하나 건넸네
벗이 아버지 손 기억하려나 모르겠네

산막골 그 깊음의 기품

깊어지는 심산유곡
청정함이 고고한 숨결을 간직한 품
그곳에 주인인 듯 나그네인 듯
중견의 화백이
그림을 그리는 듯 쓰는 듯
묵향 고요한 곳

천연 염색한 작은 수건에
매화를 피워내고
난을 치고
국화향 그윽한 계절을
삽시간에 바꾸는 신기를 지닌
화백의 백발과
송글거린 땀방울의 향기가
매화향 난향 국화향과 어우러져
산막골에 종소리로 울려 나던 곳

우리 그곳에 취했다
깊숙한 산그늘이 품어내는
청아한 품위와 함께 한 사람들에게
또 또 더욱 더 깊이 취했던 날

♡ 춘천 부귀리 산막골에서 우안 최영식 화백님을 뵙다

2부
사량도 전설 따라잡기

사량도 전설 따라잡기 · 1

거기
내 영혼이 노닐고 있다
가늠할 수 없이 펄펄 뛰는 심장
꽉 틀어 안고 거닐고 있다
망산에 올라
바다를 내려보면 낚싯줄 드리우고
갯바위에 서 있는 그대 환영이 부른다
심장은 헐떡이며 파도 위로 치닫는다

내 영혼은 무엇을 바라 사량도로 갔는가
그대가 사량도로 떠나던 날
맨발의 무희가 거리를 누비는 춤처럼
마구잡이로 끌던 힘을 쫓아서 갔다.
진혼곡을 부르며 망부석이 될까
애간장 에이는 살풀이 추어
외려 떠나는 그대 발길을 묶을까

옷 한 벌 태우던 갯내 물씬거리던
바닷가 귀퉁이에서 매운 냉갈로 하늘로 오르던
옷 한 벌에 내 영혼도 함께 살랐나니
새빨간 연필로 편지를 써 바다에 띄우면
망자가 받아 본다는 뜬금없는
민박집 여주인 귀띔에
철 이른 민박집 빈방에 덩그라니 앉아
입에 침을 고이며 새빨간 심장에
펄펄 끓는 피 한 사발 두레박질 시켜 잉크로 삼았다
폐부를 찌르면 능히 익사시킬
날카로운 펜촉을 하늘에서 빌려
써 내려가던 사연들 사연들 사연들.

하늘에 가면 갈랫길이 나온다요
이쪽 길로 가면 길을 잃는다요 저쪽 길로 가시씨요
이쪽저쪽에서 사자가 나올 때에 저쪽 따라가셔야 나를 또 만난다요
길을 떠난 지 오십일 째는 저쪽 세상에 가 계셔야 쓴다요

생전에 닳도록 일렀던 말 잊었을세라 쓰고 또 쓰고
심장에 펄펄 솟구치는 핏물이 마르도록 꾹꾹 눌러 쓴
일곱 장 편지를 접어들고 쫄아보타진 갯내 앞에 쪼그리고
한 장 접어 진혼하고 두 장 띄워 영혼 싣고
석 장째에 심장 떼어 내어 고이 싸고
넉 장째는 눈물방울 툭툭 적시어서
다섯 장째 희미해진 눈가 훔쳐 마져 쓸어담고
여섯 장째 올라채는 통곡의 애모로 싸고 또 싸고
일곱 장에는 당신께 눈멀어 갈 바 몰라하는
몸뚱이 멍석말아 통째로 띄웠소이다

망각의 강을 건너가도
행여 잊히지 않는 기억 한 조각
혹여 이변으로 남아 내 이른 말 생각나거든

내 기도줄 잡고 오시씨요
타고난 분별력으로 천기를 훔치는 재주를 탔으니
그대 오시면 분명 내 님인줄 알터이오
오시구랴 올 수만 있다면 오시구랴

망자인지 산자인지 당신 헷갈렸다 하더이다
죽었는지 살았는지 믿기지 않았다 하더이다
그 밤 차마 눈 감지 못하고 벌겋게 민박집에 나란히 누워
천년의 운우지정을 나누었다는 사량도의 전설이
거기 고스란히 녹아져 노래불려진다 하더이다
서설처럼 밝아 사량도의 포구가
그토록 그대와 나의 맹서로 아름답다 하더이다.

사랑도 전설 따라잡기 · 2

희망에 찬 진혼곡으로 애모를 부르며
20020514 그대 배웅하던 날
부슬부슬 하늘도 눈물을 보였다
내 노랫가락은 슬프지 않았고
어쩌면 희망가였을지도 모른다
그대가 날 다시 찾아
이승의 경계선을 넘을 수 있으리란

망각의 강을 건너는 순간
이승의 기억이 잊혀져야 하는 법
그댄 법을 어긴 것이지, 하늘의 법 땅의 법.
지워진 기억 속에 흐린 날 한 줄기 빛처럼
남은 기억의 뿌리
진하디진한 연민과 아쉬움의 찌꺼
훗날 서로의 족쇄가 될지라도
기억의 편린은 남아 있는 찬란한 태양

"나는 그녀를 만나러 돌아가야겠습니다"
"지금까지 아무도 돌아가는 이를
알아보는 이는 없었다"
"분명히 그녀는 기억하며 날 알아볼 것입니다"
밀고 당기는 줄다리기 속에 인연 따라
절반의 힘을 내어주셨다는 생전의 할아버님
경이로운 놀람으로 반신반의 믿음,

그리고 어림도 없다는 비웃음과 조롱을
등에 걸머지고 당신은 갔던 길을 되돌아왔다

아! 그대가 오던 날은 땅이 놀랐고 하늘도 놀랐다
설마 했던 의심이 믿음으로 바뀌었고
어림없다는 조롱을 삽시간에 질리게 했던
그날 그 순간 그날 밤 그곳
하늘의 문이 찰나 번쩍 열렸고
하늘 저편에선 당신의 무모한 기억이
희망가가 되었다

당신이 돌아와 서로 손을 맞잡고
부둥켜안았던 날
대전 동학사는 우릴 늠름히 지켜보며
우리들의 미래를 점치고 있었다
서로 포옹을 아끼지 않고 강렬한 입맞춤으로
하늘과 땅을 잇대었던 날
우린 뜨거웠고 우리 격렬했고 우린 자랑스러웠다

보이는 나, 보이지 않는 그대!
보이는 세상, 보이지 않는 거대한 세상
보이는 사랑, 보이지 않으나
영영 함께할 투혼 같은 사랑, 내 거룩한 사랑
사량도의 전설로 하늘과 땅이 합창할 내 사랑.

사량도 전설 따라잡기 · 3

"박하경!
아카시아 향 진동하고
줄기 장미가 만발이네
늘 처음처럼,
사랑을 담아 고마워~"

그가 와서
신문광고에 축하 메시지를 실었다
벼룩신문 한 모퉁이
안부를 묻고 전하는 란에
그의 마음을 고스란히 남겼다
세상에 이런 일이?

어쩜 그가 저 어디쯤 있는 별로
여행을 떠난 지
십 년 하고 두 해를 맞는 오월 열나흘
세상에선 그날을 기일이라 부르고
제삿날이라 부르지만 난 이날을
또 다른 탄생일로 뒤집어
생일케이크에 촛불을 켠다.

육신은 무거워 훌훌 벗어버려야만
갈 수 있는 또 다른 세상
처음 여행처럼 낯설고 두려움이 앞서지만
여행지에 도착하면 결국 경이로운 세상과의 만남
그는 육신을 입고는 볼 수 없는
알 수 없도록 가려진 세계의 소식을
종종 자주 가끔 문득 대화 속에 반짝이는 별로
수를 놓고. 활짝 핀 꽃으로 그려낸다.

난 별빛의 감도로만도
가려진 세상의 곳곳을 누빈다

피차 별처럼 살아있음을 알기에
이토록 살아있음이 서로의 기별이
맞닿음이 아리도록 행복함을
절절히 증명해 보이는
마음 짓 몸짓을 아끼지 않고
쏟아부을 수 있는 날, 우리들의 시간
은밀하게 누리는 기쁨의 닻이 오르는 시간

열두 해 전 내가 물었다
언제 떠나?
아카시아가 피고 줄기 장미가 오르면…

붉은 장미 카펫을 걸어
새하얀 웃음으로 낭자하던
아카시아 향기를 휘감고
그가 찬연히 비밀의 장막을 열고
들어선 그곳으로 나 또한
거추장스러운 무게를 덜어내고
곁으로 가리라

붉어라 붉어라
그대 향한 내 마음 더 붉어라
피보다 진한 일편단심
혼으로 바친 내 붉은 기도로 합쳐진
우리임에 우리들임에…

"無影!
아카시아 향 진동하고
줄기 장미가 만발이네
늘 처음처럼,
사랑을 담아 고마워~"

사랑도 전설 따라잡기 · 4
―장미의 왕국에서

백송이 장미가
불쑥 도착했소
늘 당신은 내 심장을
다듬이질하는 재주를 타고났소그려
새빨간 장미의 성을
하얀 장미가 빙 둘렀구려
십 오 년 전
내게 와락 안겼던 백송이 장미향은
세상의 장미를 태어나게 하는
눈물의 씨앗이 되어
수백 송이 수천 송이 꽃을 피워 내
별과 별의 인연을 잇는다오
훅 끼쳐 드는
치명적인 향기는
예나 지금이나 당신의 오만한
미소로 빛나고
난 겸허히 순종을 바친다오

사랑도 전설 따라잡기 · 5
―바람이고 싶었던 그의 이야기

그는 바람이고 싶어 했다
나는 그가 앉았다 쉬어갈
들풀이거나 사알짝 흔들려
툭, 한 모금 이슬로 그를 적시고 싶었다
그러나 그의 희망이고팠던 바람은
백 년은 족히 접어 두어야 했다
그가 선택한 그녀가
세상의 옷을 벗을 때
함께 바람으로 동행하길 원해서였다

시간은 바람이다
째깍째깍 소리가 쌓여
바람으로 이는 것을
바람이 만들어 낸 길을 따라
결국 불어가고 불어오고 하는 것을

사랑아, 사람아 결국 하나로 불어갈 바람아
둘이 하나가 되어 불어올 바람아
그렇게 불어 가다 가끔은 사량도에 훌쩍 닿자
그곳에 자리 잡고 돌멍개에 소주를 부어 마시고
성게알로 안주 삼아 노래를 부르자

거 있잖은가베
내 당신을 위해 불렀던 흠모의 노래, 애모.
비 적시던 포구 길의 찐득했던 내 사랑가
우리 나지막이 함께 부르자
사량도에 바람으로 훌훌 일어
온 우주를 싸돌아댕기다
다시 샤랑도에서 죽자
그리고 다시 살자

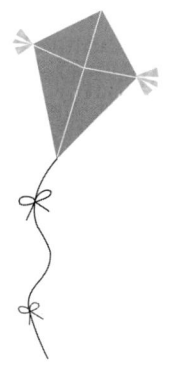

꽃비가 내리던 날

소원을 풀어 놓았던, 그 길
잊혀졌던 추억의 샘물이 솟아요
끝없을 길 위에 꽃비가
꽃비가 날려요 소복하네요
하 아름다와서 고와서
꽃길에 풀썩 주저앉은 날
나 언젠가 이 길 위에 서고 싶어
소원을 풀어놓았던 데자뷔와 겹쳤죠

봄비와 바람이 합방을 하는 밤
꽃을 피운 나무들은
화동이 되어 꽃잎을 뿌려요
그 자리 관객으로 서면
목청껏 축가를 부르게 되요
오늘 마음껏 노랠 했네요
우리 함께 노래 부르지 않으실래요
이 밤도 봄비와 바람이 합방을 잡았다는데요

지인지답

십수 년을 함께 해온 지인과
술 한 잔 주거니 받거니 하면서
으레 풀어놓는 한국사가
된장찌개에도 섞여 들고
석쇠 위에서 굽히는
고기에도 고명으로 얹힌다

오늘따라 소주 한 잔이 달다
이 한잔에 달빛을 풀어 넣고
무르익은 봄향기를 띄운다
술이 달빛으로 맑고 봄빛으로 붉다
내 명치의 숨소리도 붉다

두 가슴이 발그레 물들 즈음에
풀어져 흩어졌던
한국사의 뿌리들이
본향을 찾아 그때 그 자리로
회귀하고 - -
봄밤은 깊고 봄의 달빛도 깊어져
기울여 젖은 술병 속에서
잠이 든다, 달큰한.

한복을 입으며

끝자락이 고운 사람은
맵시 있는 삶으로 잘 지은 것이리
인연의 끝자락
관계의 끝자락들이
계절의 끝자락처럼
결 곱게 짜여진다면야
어디 부러울 것 있으랴만

한복을 입으며
치맛자락 끝자락을
들추고 다듬다 보면
인생사 끝자락을 잘 지을 일이란
생각이 들곤 하거니

아 — 곱다
저 오색을 씨실 날실 삼아
결 곱게 지어 입은
가을의 완성품 끝자락이라니
어느 누가 저리도
찬연한 색감을 내어
인생의 끝자락을
매듭지을 수 있으리

나도 저리도 눈부시게
아름답고 싶구나
내 뒷모습 끝자락.

목련

— 신랑으로 눈부시게 맞다

내 언제부터인가
자넬 몹시 기다리게 되었다네
벚꽃을 봄의 마돈나라 일컫고
매화를 봄의 규수라 이른다지만
난 오늘 자넬
봄신랑으로 흠모한다네

자넨 바람기 많은 남정네처럼
홀연히 왔다가
바람처럼 가버리지
뒷모습마저
자넨 어쩜 바람난
남정네 뒷모습을 닮았어, 내 보기에
뒷모습은 늘 사랑스럽지만은 않지

지금, 지난해 자넬 맞이하고
자넬 떠나보낸 자리에서
결국 다시 떠날 자넬 맞이했지
여름이 자네 곁을 지나갔고
가을이 흘러갔지
겨울이 길게 그림자를
거두지 않아 난 자넬 부르며
안달을 했다네
바람난 서방 기다리는
각시처럼 말일세

자네 왔구먼
밤새 목욕재계하고 나면
흠뻑 웃는 낯으로 날 희롱할 테지
내 영혼의 고요한 사모곡을
깨트리며 내 안방으로 들터이지

여보시게
나와 그대가 만나는 사이
만날 때마다 자네 이름이 바뀌는 거 아시는가
봄처자가 되었다가
소복 입은 여인이 되었다가
해탈의 경지에 이른 여승이기도 했네
이 봄 이 계절 이 만남엔
자네라 부르며 신랑 삼겠네

눈부시게 내게 오게
찰나처럼 훅하고 스러져 가도
내 안방으로 드시게나
굳이 거절하지 마시게나

벚꽃 앤딩

사월 열하루 저녁
가로등 아래 눈부신 벚꽃이
달빛을 삼켜버린 밤
그 아래 3막 4장짜리
연극무대를 세웠다

숭어 광어 우럭회를 뜨고
캔맥주를 샀다
자리를 펴고 막을 올린다
셋
모두 주인공 결코 조연은 없다

살아온 세월의 값이
꽤 거금인지라 충분히
넉넉한 미래를 살 수 있음을
선출해 내고 확인하는
대사에 웃음을 희망을 입혀낸다
연극은 순조롭게 진행되고

연극을 관람하는
가로등 아래 벚꽃은
잠들지 못해 어쩌면 벚꽃내시가
될지도 모른다며 투정이다

셋
2015년 벚꽃 앤딩식 —
미래로 향하는
새로운 길에 대한
벅찬 잔을 맞대며!
셋은 벚꽃을 배웅했다

수중(秀重)
월영(月影)
주뢰(珠蕾)

無影의 魂

내 사주에 남편이 하나 더 있다 하더이다
그 사람이 진짜 남편이라 하더이다
어찌 그런 일 있겠냐며 깔깔 웃는 내게
벌써 있을 거라 그리 말하더이다

가만가만 짚어보니
당신, 당신이오? 당신입니까? 맞습니까?
맞을성싶습니다
그저 잔잔히 웃다 껄껄 말없이 웃는 걸 보니
틀림없는듯 싶습니다

언제 당신이 옆구리에 닿았을까
내 인생 허리쯤에서 중간 등뼈로
찾아오시던 그 걸음 소리가
다시 들려 나는 걸 보니
아마 그때가 맞나 봅니다
틀림없는 당신이 맞지 싶습니다

낮은 겨울 잿빛 같은 허허로움이
허수아비 빈 가슴에 슬픔으로
물 차오르던 저녁나절
자박자박 빛으로 오셔서
풀어진 동공에 생기를 불어넣고
얼음 박힌 가슴에 어느 별에 존재하던
날빛 바람으로 채우시던 그때 말입니다

퍼랬던 멍이 화들짝 해체되고
갈했던 쉰 목이 복사꽃 색빛으로 다시 돋고
색동보자기 닮은 낭낭한 웃음이 터져나게 했던
천상 지상 여닫는 은빛 날개로 내게 온, 당신
無影의 魂 애모의 사자시여!

상사화

그대 살아있소
살아서 내게 답해 주오
손 내밀어 날 잡아주오
오직 이름 석 자 남겨주고
떠나신 님아 훌훌~훨훨~

발걸음 떨치지 못해
하염없이 뒷걸음질로
날 보려 향했다는 그 말
다시 내 있는 곳으로
돌아오려 돌아오려 애 끓였다는 그 말

그대 꽃으로 살아
그대 바람으로 태어나
그대 이슬방울로 맺혀
그대 한 마리 나비로 날아
그대 움켜잡는 사자로 일어나

내게 오시오 나에게로
섧고 아픈 기억일랑
별과 별 사이 그곳에 묻고
살아살아 내게 오시오
영영 버리지 않을 별리 떨치고.

같이의 시간이 영원할 거라
끊어질 수 없는 시간만 있노라
아프고 쓰리게
매듭지었던 찰나가 있어
평행을 비켜 품에 들 거라.

상사화 · 2

밤이 혼을 깨워 일으키네
바다가 먼 나라의
노래를 실어 오고
시간의 종을 달래네
다시 마주할 거라 꿈을 꿔,
손을 잡을 수 있을 거라 꿈을 꿔

익숙지 않은 시간이 자꾸 흐르네
낯선 손길이 익어지길 바라
달빛이 지는 곳, 그곳에 닿길 바라
그저 흡족한 웃음만
흩날려 주길 바라

곡조를 넘어서서 흩뿌려진
부를 수 없는 노래를 불러요
같이, 함께, 나란히, 입맞춤으로
봄을 빚고 여름을 빚고
가을을 빚고 겨울을 빚어야죠

꽃으로 피어날 테니
이슬로 적셔 오소
단단한 나무로 설 테니
바람으로 휘적셔 오소
상사화로 상사화로
모가지 늘여 보듬으소서

첫눈이 내리는 시간엔

―첫눈 온다
하늘에 여행 중인 그의 문자다
―그러네
멈췄던 가슴이 숨을 돌린다
마주 보는 것은 거리와 상관이 없다
거리의 모든 단위는 그저 숫자일 뿐

천 년 전에도
우리는 첫눈이 오는 시간을 멈춰 세우고
―첫눈 온다로 서로의 숨을 마셨다
서로의 품 안에 있었을 때도
이렇듯 첫눈은 사랑을 융기시킨다

첫눈이 떡가루처럼 흩날리거나
첫눈이 솜뭉치처럼 풍요롭거나
눈발로 바람 되어 몰아치더라도
첫눈은 그저 사랑의 숨을 정제하는
출렁다리로 마주 봄으로 출렁인다

―첫눈 온 다

가슴이 녹는다, 조용히 창을 연다

아까시에 얽힌 추억 밟기

어김없이 아까시 웃음의 철이 돌아왔소
온 산야에 그대 웃음소린 여전히 청량하구려
그리움은 말이오 참으로 위대하오
늘 심장을 경건하게 하고
새로운 피돌기를 멈추지 않게 하거든
그리움을 먹고 사는 심장소리가
우주를 운행하는 톱니바퀴지 않을까 싶소만

추억은 현실과 엮여 더욱 아름답소
그대가 찾아드는 지독한 아까시 향기 속으로
난 첨벙대며 그대 이름 위를 유영한다오
구름보다 높고 구름이 밥으로 챙겨 먹는
하늘보다 더 풍성한 이름의 주인이여
내 영혼은 아까시꽃이 주렁주렁
이야기를 시작하면 주저리주저리 그대와 나
전설의 이야기를 쓰기 시작한다오
끝이 없을 영원한 우리의 이야기를!

꽃 편지

뜬금없는 기별은 아니었어
이따금 기막힌 수법으로
곁을 지킴을 확인 시키지
화들짝 내 영혼은 감격으로
달겨드는 그댈 안아요
라일락 향기 가득한
그대 품 싱그럽고 따뜻하죠

이런 선연한 내 모습
허허허 큰 웃음으로 보듬는 그대
사랑하기 딱 좋은 풍족한 계절
봄만 한 계절이 또 있을까요
장미 줄기를 타고 오른 우리 사랑
다시 봄이 찾아들어
늘 봄이 무르익혀
잘 버무려 맛있게 숙성된
내 첫사랑 그대 끝사랑.

바람의 집

바람이 그 섬에 머무른 건
그 섬의 풍장을 기다리는
어느 날 섬에 닻을 내린
사람 하나 때문이었다
그는 그를 기웃거리다
그의 매무새를 어루만지다
훌훌 바람의 집으로
데려가기 위해 잠잠히 기다렸다

그는 작은 섬을 닻 위로 끌어올려
섬처녀를 키우고
섬처녀의 젖으로 섬을 키웠다
섬은 무장무장 자라나
기름진 바다의 벌판을 이루었다

풍장의 때를 알리는
달이 차오르길 기다림은
결코 지루하지 않았다
수없이 길디 긴 달과
가 없는 섬의 길이가 만나
합을 이루면 그는 닻을 거두고
바람을 따라나설 채비를 했다

어느결에 내 몸도
풍장의 때가 가까움을 예지하고
바람의 집에 닿을
그 시간을 계산하기 위해
시침소리를 세우고
서서히 식어갈 심장의 체온을 잰다
바람, 바람이 바람이
나를 데려가 바다에 누일 것이다
풍장의 거대한 미학이 완성될

그날에 이르기 위해

잠들지 못하고

― 난생처음이다
이렇게 낯설은 ―

― 두려움이 엄습한다는 것
참 뜻밖임을 ―

― 하늘에서 위로와 격려를 동원해
날 설득하다 ―

― 두 갈래 길에서
결코 망설임을 몰랐었다 ―

― 망설임이 가장 길었던
아침 그리고 밤 ―

― 길을 나선다
하늘에서 내 손을 잡았으니 ―

― 예전에도 늘 잡고 있었던
거룩한 손 그리고
따뜻하고 다정한 손 ―

― 갈망하며 잡아주기를 소원했던 손
그 손을 굳건히 잡으며 ―

― 만 년을 돌아 다시 천년을
약속한 내 약지에 끼워진
은가락지 한 쌍에 심은
언약을 따라 길을 나서다 ―

― 무영각시 내 특별하고도
황홀한 이름을 위해 ―

Q를 그리워하는 그대에게 · 2

어김없이 그날이 오고 우린 만나야만 하지
언약이란 어떤 모습으로든 존재하게 하는 괴력을 지녔어
우리처럼 말이야 난 어제도 오늘도 무영의 혼을 불러
무영의 찬가를 무언의 강에서 건져 올린다네
눈꽃 아래 앉았네
아 이 바람 좀 만져봐 그대 숨소리 같아
눈꽃이 흩날리는군 한 잎 한 잎에 그대가 써놓은 사연이
내게로 날아드네 난 눈을 감네
그리고 그대 손을 잡고 쓰다듬어 그대와 하나가 되네
저기 진달래가 저기 노란 손수건을 흔드는 개나리가
우리에게 축하의 꽃다발을 보내는군
오! 우린 이렇게 호사스러운데 우린 이렇게나 자유한데
시간에 얽매인 만유가 우릴 시샘하는데
이보다 더 좋을 수도 있을까
곧 그대의 숨결을 싣고 여행길을 떠났던 줄기 장미가 돌아올 차례군
손을 흔들어 마주 보며 웃어야겠어
그댈 마주하듯 환하게 웃으며 마중해야겠네
우리 손잡고 말이야
그대 꺾어주던 분홍장미면 나 뒤로 쓰러질 텐데 ^^
늘 내 곁을 지키는 그대에게
이 봄 뜨거운 내 마음의 봄을 바치네.

무제 · 1

전혀 지루하지 않죠
전혀 피곤하지 않죠
그래서 망부석이 될 수 있나 봐요
사랑 말이에요

무제 · 2

기다린다는 거 이런 건가 봐요
하염없이 그쪽만 바라보는 것

무제 · 3

기다림 그리움 사랑
이런 거 무지 촌스러울거라 생각했죠
어느새 나 촌스러워졌어요

만남

지구의 자전이 멈추고
태양의 축이 뒷걸음치고
별들이 전열을 바꿀 때
벽의 문을 열고 그가 왔다

잘 지냈어?
— 응

여전히 바빠?
— 응

이승은 요즘 코로나19로 쪽을 팔고 있지
혹시 저승 짓?
— 그럴리가— 그럴 수도 있고—

무슨 대답이 그래?
—알면서 묻는 게 뻔해서 —

어쨌거나 당신 오니 좋구나
—기다렸냐 —

태어난 것도 당신 찾으러 온 거고
사는 것도 당신 만나려고 사는 거고
이생은 기다림의 점철. 알면서 묻기는
—ㅎㅎㅎ—

나 자꾸 늙어. 아. 어쩔.
—내가 알아본다고 했잖아—

망각의 강물 안 마시고 버틸 재간 있어 보여?
— 잘 살다가 편안히 내게로 와
  늘 하는 말이지만—

코로나19로 가는 건 쫌 아닌 것 같아
이렇게 살 궁리하는 게 냅다 웃기지
—야 임마 사는 사람은 사는 거지
짜이식 여전히 귀여워^^

사랑은

사랑은 예사로 오는 듯
착각할 수 있지만
절대 그저 생겨나는 게 아니다
사랑은 영원의
시작점에서 만난 사람들이
서로를 점검하는 시간으로
만나지는 것이다

겹겹이 층층이
화석으로 앉은 강결을
건너온 시간을 다시
되돌리는 작업이 사랑이란 이름으로
다시 만나는 것
다시 사랑이란
이름으로 합하는 것
비록 명치에서 비껴갈지라도

사랑은
달고 쓰고 쌉싸름한
오감을 지닌 최고의 요리
누구나 갖고 싶고 만들고 싶고
먹고 싶어 혹하는 파라다이스
달면 삼키고 써도 뱉지 못하다가
마침내 갈라지는 길목에서
훌훌 다른 길로 내달리고 말지라도

다시 시간이 흘러 쌓이면
먼지처럼 수북한 망각들은
다 떠내려가고
다시 마주 보며 가슴 뛰는 것이다

바다 내 품으로

애시 바다보다
산과 가까웠다
산은 항상 그랬듯
곁에 있었고 떠나지 않았다
바다는 언제나
그리움이었다
미지의 세계였다

산의 품이
넉넉함을 알았기에
족했다, 그 품에 묻히는 걸
여사로 사랑이라 여겼다
바다는 여전히
그리운 무덤이었다
다가갈 수 없는 과한 산이었다

바다가 불렀다
비가 나를 바다로 데려갔고
꽃들이 나비들이
때론 새들이 나를 홀려 바다로 끌었다
긴 무덤이 열리고
난 바다의 실체를 그 신비를 그 심연의
비밀을 들었다
귀가 열리자 바다로 향한 신비의 터널이 열렸다

마침내 바다와 나는
하나가 되었고 하나임을 알았다
태초의 흔적들은
곳으로 흘렀고
그리움에 갈망하는 눈물이 모여들어
한가득 일렁이며 출렁이며
노래하는 곳, 문득 내 품에 바다가 있었다
내 품이 바다가 되어있었다

비 스토리

지구촌 은밀한 한 구석진 마을에
비 요정이 살고 있었다
그곳은 요정으로 인해 날마다
거의 날마다 비가 내렸다
질척이는 거리를
사람들만 싫어했고
햇볕이 없다고 불평했다

유독 불평 많은 사람들이 시끄러워
어느 날 요정은 마을을 떠나
긴 여행을 했다
일년 이년 비가 내리지 않자
대지가 갈라지고 나무가 죽어갔다
사람들은 그제서야
요정이 있어 얼마나 풍요로웠는지에 대해
이야기하기 시작했다

그들은 간절하게 비의 요정을 찾았고
먼 길 떠난 요정이 돌아오길 손꼽아 기다렸다
마침내 비가 내렸다
요정이 돌아온 것이다
사람들은 불평하지 않고
예쁘고 튼튼한 우산을 만들고
상큼한 우비를 만들고

볕이 많지 않아도 빨래가
잘 마를수 있는 방법을 연구해냈다

그리고 그들은 비 축제를 열었다
말라보지 않은 사람은 모르리
갈라져 보지 않은 사람은
그 딱딱함을 모르리
내게 지금 주어진 저 빗소리가
얼마나 소중한지를

그들의 노래가 울려 퍼지자
마른 대지 위로 비가 내리자
냇물이 강물이 흘렀다
바다가 그렇게 파랄 수 있었다
비에 얽힌 요정 스토리.

바로 내 마음 당신 마음 우리들 마음에

3부
웃음의 통로 슬픔의 통로

절뚝발이 군남씨의 여행

여든아홉 안씨 성을 가진
군남씨는 절뚝절뚝 여행길에 섰다

절뚝절뚝 걷다가
바닷가에서 하룻밤 묵고 오자며
막무가내로 끄는 셋째딸 성화에
못 이기는 척 나섰다

저것은 내 절뚝발이에
부끄럽지도 않는갑다
태안 몽금포에 허브농장이 좋담서
차를 세웠다
이제 다시 절뚝거리며
하늘을 보고 땅을 딛고
세상귀경을 할 참이다

잘도 가꿔났다
손주들 어깨너머로 봤던 책 속의
어린왕자가 농장을 차지하고
사진 찍자고 졸라댄다
몇 장 박었다
절뚝발이가 붙어 서도 내치지 않고
친절하게 사진을 찍어 준다

어둠이 내리고
맘 같아선 쉬고 자픈디
빛 축제를 보자고 데려간다

오매오매 안 왔으면
이 기맥힌 절경을 못 봤을 것 아니냐
꿈인지 생신지 —
사람 손이 야무지기도 하지
시상에 천란하구나
살아서 이런 구경이 찾아들다니
얼씨구 좋을 시구

드르미 항 하얀집에 하루를 묵고
꽃지 바닷가에서 해산물도 묵어보고
툭 터진 바다맨치나
곧 아흔인 내 가슴도 뚫어져부럿어라

안면도 수목원이라는디
못 간다 휘이휘이 내젓는 내 마음뿐이고
휠체어를 가져오더니 달랑 보듬어 태워
가파른 언덕길을
딸년이 밀고 딸년 뒤에 줄줄이
붕어똥처럼 미는디 낯 뜨거워라 오매

살아있다는 것이
흡족하기 쉽지 않은 일인디
내 생애 봄날로 휘날리는 여든아홉 잔치였당께!

구십 년의 세월이 내 꽁댕이를
따라댕기는디 참말로 무겁소!

별

―오! 나의 어머니

별이 지려 한다
반세기 동안 따스히 따사로이
날 비춰 인도했던 별
그 별이
이제 석양빛 노을의 나라, 저기로 지려 한다
오! 영원한 나의 별
어머니 내 어머니

별의 빛이 흐려지고 있다
긴 별똥별로 모든 이들의
소원을 거두어 소망의 빛으로 바꾸려는
귀한 별이 점차 빛을 감춘다
유난히 반짝였던 샛별이던 시절
중후한 빛으로 세상을 관조하던 시절
이젠 모두 내려놓고 쉬려는 걸까. 저 별.

이 별이 지면
이제 저쪽 반쪽의 저세상에서
찬란한 별이 되리라
향기 있는 별로 다시 빛을 발하리라
품 넉넉하여 우주를 품에 안아
비추어 길이길이 남을
휘황한 별이 되리라

도토리묵과 어머니의 분노

엄마 이거 진짜 도토리묵이요
서울에서는 상수리로 묵을 만들어 놓고
도토리묵이라고 떼를 씁디다
요거이 친구가 진짜 도토리 줏어다
고생고생 만들어 준 가루로 쑨 묵이랑께라
맛이 씁쌀함서 쫄깃쫄깃 맛나단 말이오

―한 열 살 되았을때끄나
할머니랑 도토리 따러 갔는디
목이 몰라서 죽을뻔 했느라
할무니 나 물 물 했더니 으디 물이 있것냐
쬐끔만 더 따고 얼릉 내려가자 하시는디
그때 목이 딱 보타져서 죽것드라

일본놈들이 을매나 독살스러운지
집을 뒤지다 뒤지다 쇠꼬챙이로
천장 다 쑤서대고
똥간까지 휘저어서 숨겨논 양식을
다 가져가부럿어야
묵을 것이 없응께
할무니 따라서 도토리 따는 것이
몸써리나고 징그러웠지야
독하고도 독한 종자들이여

난 평생 일본 사람 생각만 해도 오금 저려야
근디 일본가서 온천하고 오자는
속없는 사람들이 너무 많드라만
나는 일본 사람 냄새도 싫어야
뭣하러 갈라고 그러냐고 머퉁사니 해불고 말제
가도 가도 갈 데가 따로 있제
으찌께 그 독한 것들 사는 일본을 간다냐
죽어서도 나는 안 갈란다

없는 시절에 도토리묵은 밥 대신 묵었응께
으짤 수 없이 묵었다만 도토리묵 싫어야
뻘쭘해진 나는 친구가 보내준
진짜 도토리 가루로 쑨 묵을 입에 넣으려다
슬그머니 내려놓았다

어머니와 놀기

여러분 아십니까
어머니랑 노는 법을요
친구들과도 잘 놀고
이웃들과도 잘 놀겠는데요
내 어머니랑 노는 법은
참으로 서툴러요
이거 참

언제나 받는 일에
익숙하기만 하다가
이제 되돌려 드려야 하는데
무엇을 드릴 때마다
인색하고 부족하고 낯서네요
이러면 안 되는데
이거 참

어머니에 대해
참 많이 안다고 생각했는데
기억의 숲을 헤집어
꺼내오시는 흔적들은
새로운 것들이 많아서
어머니에게 난 뭐였을까 싶어요
이거 참

오늘 여든여섯 해
흙을 밟고 하늘을 밟고
이 사람 저 사람 가슴을
누비며 삶을 지으신
내 어머니 상처 난 발을 붙잡고
세상을 경외하는 법을 배우네요
이거 참

2분 30초

오세댁 나요
셋째 딸이요

옹홍홍홍ㅎㅎ홍웅~~
항홍앙망팡항홍홍~~

엄마의 웃음소리는
특수문자를 닮았다

엄마 특유의 90년을 묻혀낸다
좋으시다는 표현이
폰 속에서 수줍게 반갑게
오지게 달콤함으로 넘실댄다

엄마는 순식간에
몇십 년의 시곗바늘을 되돌리는
기막힌 재주를 지니셨다

2분 30초의 매직은
하느적 하느적 걸어왔던
총총 서둘렀던
급살처럼 뛰었던 길을
특수문자 웃음으로 버무려
딸년 가슴팍에 푸른 솔나무로 심으신다

시어머니와 엘리베이터

80줄에 걸터앉으신 시엄니
영등포역에 내리시자
소피 마렵다 하신다

옷 한 벌 사드릴 차에
역에 붙은 백화점 해우소로
모셨더니 참았던 소피를
거침없이 쏟고 나오셔선

아따 씨언타
소피통 터지문 어찌끄나
천지사방 눈치 뵈서 옴찌락딸싹을 못혔어야
인자 살것다야 허신다

노인네 옷 살 데가 아니구나
옷을 만지작대는 나를 끌며 집에 가자신다

누드 엘리베이터를 탔는데 시어머니 왈
오매
배창시가 훤하게 내비치는 거 아니냐
꼭 창시 안에서 내다보는 것 같어야~

어머니의 수의

뜬금없이 어느 날

"저 앞닫이에 삼베 있지야
내 손으로 짠 삼베니라
나 죽거든 저 삼베로
둘둘 말아서 묻어라"

"수의가 아닌디 으찌께 그런다요"

죽으나 사나 옷은 입는 게 법
의식주 중 으뜸이
입는 것이 아니던가
오죽 옷 일러라
벗고 살 수 없음이 인간사
어머니가 손수 짰다는 삼베를 꺼내
그녀가 밟아온 베틀소리를 듣는다

철거덕 철거덕 팔십 생애가
씨실 날실로 얽히며 남긴
낡은 삼베옷 한 벌 짜이는 소리

슬픈 낯색을 처연하게 짜낸
어머니의 베틀 소리!

만우절

설악산 흔들바위를
건장한 미국 관광객들
몇 이서 밀어버렸대
굉장한 소리로 구르면서
흔들바위가 억만년 꿈꾼
소원을 이루었다나 봐

—다시 제 자리 돌려놓는 벌을 줘야 해

—시지프스의 형벌이 되겠군

—흔들바위가 올라가기 싫다고
　항의할지도 몰라

네 자매 단톡방에서
배꼽이 굴렀던 2020 만우절

참말로 느그 아부지같은 사람 없어야...

으째 느그 아부진 날 안 데려 간다냐
통 꿈속에 보이도 안 해야
죽고 나서 딱 한 번 뵈고 영 안 뵈야

참말로 어이없소 엄마
아부지 싫다고 아부지땜시 못 산다고
다시 만나고 싶지 않다실땐 언제고?

느그 아부지같이 편한 사람이 없었지야
복이 많은 양반이여
당신 묵고자픈거 다 챙겨 묵고
참을 줄도 모르고 하고 싶은 말 다 하고
죽을 때도 느그들이 오죽 잘했냐
그만치 정성으로 수발 받고 가신 양반이
이 시상에 몇 없을 것이여
참말로 복은 탄 양반이여야

부부는 수수께끼를 품고 사나보다
몸써리나고 송신난다 할 땐 언제고
당신 안 데리러 온다고 투정에
생전에 당신 속 썩인 거 싹 잊고
남편이 복 받은 양반이라고
부러워하는 걸 보니 빈 말은 아닌성싶다

엄마 편 들어드리느라
아부지랑 다투고 싸웠던 게
뻘쭘해지는구마 잉
구십에 살아있음이 부끄러운 일인가
노모의 눈가와 입가에서
아버지가 데리러 오길 기다림이
서성임을 보다니 환장하것네 참말로!

할머니

할머니 모라실댁은 손자들 귀빠진 날이면 윗목에 밥상을 차려놓고
웅얼웅얼 빌고 또 비셨다. 할머니의 웅얼거림에 조선 땅 사방팔방 잘 났고 큰소리쳐대며 인간들을 농간하는 신들이 끌려와 생일 밥을 탐했다.
백두산 지리산 한라산 산신령들이 이끌려온 통에 허접한 신들은 허리춤에 조롱박 매달 새도 없이 급히 추슬러 달렸지 않겠냐고.

할머니가 신들을 불러 모아 손주들 평생을 마구잡이 떨이로 맡기신 통에 할머니 소원 들어준답시고 설쳐대는 신들의 아우성에 난 시끄러워 견딜 수가 없었다고… 그나저나 상 위에 담아 올린 수북한 흰 쌀 고봉밥을 신들에게 뺏기기 전에 먹어 치우려 기회를 엿보았는데 할머니가 통 성냥 한 통 쏟아 가르쳐준 셈법을 동원한 걸 할머니만 모르셨지. 초하루라고, 보름이라고 불려온 당골네가 물 한 동이에 바가지 엎어놓고 둥둥둥 두드리며 웅얼웅얼 천 리도 넘는 백두산 신령을 불러대고 지리산 신령을 불러대던 비법을 모조리 다 외워놔서 신들이 어떤 길로 허둥대고 오는지 천기를 알아버린거지 뭐.

사실 그때부터 신들과 친해진 것 같기도 하고 친구먹자고 대거리하기 일쑤였던 것 같기도 하고 말이지. 이래서 내 인생이 온통 꼬인 거 같기도 한데
 신들과 맞짱 뜨자며 발칙하게 놀아나다가 가장 크고 높다며 악명높게 윽박하는 신에게 코 꿰서 오도가도 못하는 신세가 억울했다가 막 벗어나려던 차였는데

 손주를 품에 안던 날
 할머니 비는 소리가
 할머니 염원 소리가
 살풀이하며 떠받치며 올렸던 소지가
 먼지로 흩어져 하늘로 오른 것처럼
 할머니 공든 기도란걸 알게 되었다니까.

마처족을 위한 건배
— 벗에게

신속히 변하고 신속히 생겨나는 신용어들
그중에 하나 마처족이 있지
너와 나를 포함한 사십대는 마처족이라는 거지
부모를 섬기는 마지막 세대
자식에게 버림받는 처음 세대

친구여
어째 써늘한 느낌이지 않는가 나와 그대는 어찌해야 하는 거지
사십대들은 늙어서 갈 곳도 없을 거라네
그러니 우리 부자나 되세

자네는 달랑 딸랭이 하나
난 요즘 들어 값없는 아들만 둘
보나 마나 시집 장가보내고 나면
마처족 대표가 되겠네 그려
아들만 낳으면 속절없이 좋아했던
미련한 시대는 이제 돌아올 길이 없을 모양세네

친구여
우리 서로 늙으면 등을 기댈
등나무나 준비하세나
우리 등 긁어줄거라 믿었던 자식들은
소풍이나 보내고

우리끼리 등나무 흔들의자나 밀어주며
별이나 헤아리세나

마처족을 위하여 건배!
너와 나를 위하여 건배!

* 마처족 - 마지막 부모를 섬기고 처음으로 자식들에게 버림 받는다는 뜻
  의 신용어

26년 후

외사촌 동생을
외사촌 동생 조카 결혼식장에서 만났다
세월의 더듬이로
더듬더듬 날 알아챈다

동생의 큰고모는
내 어머니 안군남 여사다
더듬이질이 끝나자
큰 나무 같았다는
큰고모 안부 묻기를 쉬지 않더니
준비해 온 봉투 하나
전해달라며 건넨다

봉투를 열어보지 않았지만
봉투 안엔 26년 전
고모가 베풀었던 사랑과
길 위에서 외로웠을 시절
폭닥하게 앵겼던
따순 품을 정녕 잊지 못한
마음이 봉투 안에
차곡차곡 재워져 있다

26년 쌓인 은혜의 무게가
지구의 무게보다 크다

봉투는 말없이
사랑의 진가를 발휘하고
26년간 고이 간직했던 한 청년 때의 감사와
중년까지 저 밑, 저미는 은혜를
담고선 안군남 여사에게 달려갈 것이다

망각의 잔을 부어라 마셔라

열무 두 단
얼가리 배추 두 단, 합 넉 단을 샀다
두 단에 2980원이란 홍보문에
충동구매를 억제하지 못해
욕심 바구니에 담고 만 거지

잘 다듬은 꺼리에
소금을 술술 뿌린 탓에
팔팔거리던 열무와 배추가
겸손한 숨을 겨우 부지할 때

코로나19 방역 마스크 판다는
공영홈쇼핑 앞에 앉았다가
깨알같이 누르다 번개같이 누르다
쉼 없이 번호를 눌러대다
아~김치~~
깨닫는 순간
만들어 둔 양념을
소금 범벅인 꺼리 위에 순간 부었다

생각은 온통 마스크
마스크 쓰고 천 년 만 년 살 것도 아닌데
넋을 빼게 만드는지… 칵 그냥~~
한 번도 성공한 적 없으면서 집착 또 집착.
폰으로 번호 누르고 또 누르고

83번째 누르는데 모두 소진되었다네
코로나19 이걸 그냥~확~
아~김치 어쩔~~

입에 댈 수 없이 소금 바다가 되어버린
비주얼만 김치 면상을 하고 있는
와~~이걸 어쩌냐~~
사과 양파 마늘 갈아 넣은 게 얼만데
에헤라디여~~

마스크 마스크 마스크
백 년을 살리요
천년을 살리요
코로나19에 밀려 망각의 큰 잔을
순식간에 마셔버린 대가의 쓴맛에
망연자실 동동거림서 마스크 방송하면서
전화 연결은 안 되는 홈쇼핑 방송을 에려본다

코로나19~~~~너~~~~~~뒤졌쓰

고구마순과 호랑나비 그리고 담배

그해에서 그해까지 겨울이면 고구마를 먹었다. 5월쯤엔 텃밭에서 고구마 순이 무럭무럭 뻗었다, 할머니는 잘 뻗어난 줄기를 마디마디 잘라 짚으로 묶었다. 유독 가랑비가 후줄근히 내리는 날이면 학교가 끝난 오후 할머니랑 짚으로 묶은 고구마순 다발을 머리에 이고, 새벽별을 보고 길 나선 엄마가 새벽별을 보면서 장사로 장만한 길고 너른 옆 동네 끝께 있는 밭으로 갔다. 이랑을 내고 만든 두둑에 고구마 순을 꽂던 날 호랑나비 애벌레들이 엿보고 있었다. 크닥신한 밭을 뚝 잘라 몇 두둑 메주콩을 심고 서리태를 심고 팥을 심고 녹두를 심고 깨를 심고... 4월에 심은 담뱃잎이 너울대며 넘겨다 보았다. 낮이면 조용하던 밭은 밤새 수런댔다. 고구마도 콩도 팥도 깨도 4월에 심은 담뱃잎을 말아 입맛을 다셨다. 밭 주인이 뿜어낸 뽀얀 안개가 얼마나 매혹적인지 알기 때문이었다. 아직도 그 밭에선 담배를 피우는 호랑나비 애벌레 이야기가 꼬리 달린 별처럼 흐른다.

마스크 인간

낯짝이 안 보인다
사람 민낯이 예쁘다는 걸
얼굴 감추어진 요즘에 사 알았다
멀리서 허연 낯짝이 둥둥 떠 온다
저쪽에서 꺼먼 낯짝이 다가온다
온전한 낯짝이 온데간데없다

만물의 영장이라고 큰소리칠 입이 없다
빼꼼한 눈이 공포스럽다
입 코를 덮어버린 마스크는
바이러스와 미세먼지를 걸러내려
투철한 사명 의식으로 인간의 얼굴을 덮는다

마스크를 찾아 헤매는 사람들
사람들 낯짝을 차지하는 마스크
기괴하고 공포스럽다
마스크가 다가온다
마스크가 지나간다

결국 마스크에 오래 길들여지고 말 것이다

화사 아련한 화사

계절이 봄을 잃었다
2020 코리아의
봄은 저만치 멀리 서 있다
어쩌다 꽃 아래서 마주치는 눈빛도 멀다
마당 가에 백목련이
차마 웃지 못하고
슬그머니 눈치 볕을 받고 서 있다
아이들의 웃음소리를
잃은 봄은 슬프다

봄, 판을 깔다

충주호를 향해 달렸다
코로나19 없을성싶은 곳으로
콕 찝었다
김밥 두 줄에 커피를 끓여 담고
드라이브스루식 바람쐬기

꽃 상경 마중기를 써보자싶어
아래로 아래로 달렸다
개나리 군단의 군무에 물이 올랐고
숲속의 진달래는 추억의 노래를 불러준다
백목련이 눈부시고 산수유는 절정이다
벚꽃은 눈을 틔워 눈치를 보는 중

봄이 판을 깔아놓고서
코로나19 눈치를 보고 있다

꽃밭에서

그냥 멈춰 섰어
무슨 말이 필요해
사실
따지고 들자면 별 꽃 아니었어
그 흔한 개나리와
진달래가 어우러졌고
저 건너편 백목련이
바라보고 있었거든

60년 만이었던 것 같아
코로나19로 사람을 외면하면서
꽃에게 더 다가갔던 봄 봄.

3월의 꽃에
미쳐버릴 감성이 폭주했던 거
한참을 꽃으로 섞여
뿌리째로
얽혔던 궁합 데낄이었다니까

목련을 부여안고

사람을 피해서
피안의 세계로 걸었다
아니, 코로나19를 피해서

숲을 따라 걷다
해사한 백목련을 만났다

'그대들이 봄을 어루지 않으면
봄의 의미가 어디 있으리'

목련을 부여잡고
부시게 올려보다
모가지 휘어지다

벚꽃 파티

술 한 잔이 생각나
둘이서 꿈꾸는 젊음도 떠났고

하얀 눈물 그득 머금은 눈동자들
금방이라도 벙긋 터질 양

혼자 걸어, 눈꽃 아래로 혼자 걸어

어여쁜 옷 입고 봄 안에 들고 싶다

옷장에서
봄이 고개를 내민다
내가 먼저 꽃으로 나갈 거야
아니야 첫 외출은 나의 몫이지
재잘재잘 봄나들이 꿈꾸는 나의 옷장

냇가로 나섰다
개나리 너 먼저 필래?
아
저 아래쪽 산수유가 나랠 펼쳤다고?
어머머 찔레가
물 올리기에 끙끙대네 하얗게 피우겠다고
땅바닥 두들기는 소리에
납작 엎드렸더니
채송화 제비꽃이 몸을 풀고 있네

수런수런
두런두런
대지에 만찬을 차리는 소리
천지사방 걸음 재촉하는 소리
코로나19 추격하는 소리

정한수

깊은 새벽 할머니가
웅얼거리며 빌고
내 어머니가 빌고 빌며
무릎 꿇었던
이슬 같은 한 사발의 물
그 안에 담긴 무량의 기원

정한수 한 사발 힘은
어마무시해서
전쟁을 발발 시키기도 했고
전장을 멈추게도 했으리
누군가는 정한수로 권력자가 되고
그 누군 권력자에 잡힌
노예에서 해방되었으리

정한수에 촛불을 피워올리고
모처럼 가슴을 숙이고 영혼을 숙였다
나 이 땅에 태어나 딱 잘한 짓 하나 꼽으라면
정한수를 길어와 촛불을 밝힌겔게다

소망하건데
사마천과 같은 이 일어나
사기를 쓰시되 진실의 꽃을 피워올리게 하시고
그가 불렀던 사람의 노래를 불러주사이다
이 촛불이 거듭 모아모아 피어오르니
하늘과 땅에 닿아
만인이 평화로울 수 있는
반석으로 이 땅이 이 겨레가
하나의 평화로 고요하되 화사하게 하사이다

길이 부디 길이
사람이 살아갈 땅으로 사람이 주인이 되고
사람이 어우러져 천지간에
웃음의 노래가 자자손손 물려지게 하사이다

이렇게 겨울은 가고
봄이 오는구나
정한수에 비춰진 맑음이 이것임을
내 할머니 내 어머니 비셨던
그 마음이 이런거였구나를 깨닫게 하는
한없이 찬란한 봄이 고이 안겨 오는구나

흐린 날의 여행 일기

여름이면 의당 떠나야만 하는
운명 같은 휴가이지
즐휴 행휴 의휴 라거나로
줄임말 시대에 줄일 수만 없는 것이 있지
그건 여행자의 몫으로 두도록 하고

경주로 가야 하나
대구를 먼저 찍어야 하나
감포 문무 대왕암으로 가야 하나
망설이다가 대왕암을 찍고
출발하고 봤지 비가 흩뿌리는 고속도로로
한참 달리다 영천 상주 고속도로에서
대구로 돌아오라는 전갈을 받았고
기꺼이 대구로 기수를 잡았지
서문시장 2지구 주차장에 차를 대고
2지구 상가 지하로 내려갔어

엄마 큰언니 둘째 언니와
동생이 환호를 질러대며 맞아주었지
둘이 합하니 여섯 ―
유별나게 손님이 많은 국수나라 식당은
손님으로 범람했지 옆집 눈치 보며 먹어야 했어

여섯은 따로 인 듯 하나가 되어
뭉쳤다 흩어졌다 뭉치면서 서문시장 투어 중
경주콘도에서 하룻밤 묵을 참에
인견 꽃바지 6개로 단체복을 샀지
여기저기 들추며 필요한 것들을 사 담았지

콘도에 당도하자 만원 달라는 거
악착같이 깎아 구천 원에 산
인견 바지 단체로 입고 깔깔거리며
좋아 죽을 수준으로 웃어댔어
아, 이만한 소확행 챙기기 힘들지

화투를 샀지, 꽃들이 다툼이 시작되었어
대구에 사는 동생은 전두환 고스톱에 길들여져서
조커에 무의식적으로 피를 주는 바람에
모두 쓰러지고 자지러졌지
가끔은 가족 간 화투 놀이는 불협화음을 치료하지

다음 날 푸른 꿈을 안고 감포에 닿았어
이런, 폭우로 인해 쓰레기장으로 변한 감포 몽돌을 거닐며
파도에 휩싸이고 말았지 좋아 죽겠더라고
점심으로 이름 짱짱한 카페 로드 100에 앉아
평소엔 아깝다고 못 먹는 브런치로 포식했네

다시 대구 서문시장으로 회귀해서
미련 남았던 옷가지에 인견 속옷 장만하고
파도가 헐레 붙은 신발도 벗고
아쌈한 샌들로 큰언니가 사주길래 덥석 신었지
고창 수박 한 통 낑낑대며 사 들고 동생 집으로.

동생이 자기 남편이 요즘
고창 수박처럼 속이 꽉 찼다고
자랑질을 해대면서
우륵에 장만했다는 전원주택에 갔지
경치가 죽이더만, 한참 앉아 즐기다가
아랫마을 오리백숙집에서 거하게 저녁을 먹었네
대구 동생집에서
또다시 꽃들의 다툼 화투 놀이로 배꼽 빼고

다음 날 포항 호미곶으로 갔지
바다는 언제나 그 자리인 것 같지만
때가 되면 뒤엎어 뭍으로 서곤했지
비 내리는 포구에 사람이 귀하더군
코로나19로 바다도 팬들을 잃은 듯 보였어
뭐 곧 몰려오겠지만

강구항까지 길을 달리다 쉬다 했지
바다 곁에 붙은 길을 탐하면서 강구항에 내렸지
게를 파는 음식점이 즐비한 곳이야
게 값이 장난 아니었어
실한 놈으로 십만 원이래
다리 하나 없는 한 놈은 팔만 원에 흥정 걸어서
세 마리 찜통에 넣고 기다렸지

딸랭이 집으로 바로 갔어 사실 이웃사촌이거든
게를 풀자마자 순식간에 게 껍데기만 쌓이고
입으로 들어간 것이 분명한데 넷이 먹기는
한없이 부족하더라고
부족함은 손가락 빨며 웃음으로 채웠어
이렇게 올여름 휴가를 잘 마쳤더라는 긴 이야기.

따라다니시며 딸랭이 허는 짓들 지켜보시던
내 어머니 안군남 여사의 구십 세가
므흐므흣 하셨던
여앵의 시작과 끄트머리까지였어.

나도 그랬느니라

작은놈이 장가를 들어
지 자식을 품에 안더니
옆에서 보기 지나친^^ 감격과
자랑질을 지 에미한테
시도 때도 없이 해단다

내가 아빠가 되다니…
나한테도 이런 시간이 있구나
아 설레네
너무나 소중해
귀엽지
잘생겼지

까톡까톡 소리와 함께
갓 태어난 손주가
할미 품으로 날아든다
그래 귀엽구나
너무너무 잘 생겼구나
나에게 너도 너무너무 귀여웠단다
나에게 너도 너무너무 잘생긴 아들이었단다
"알아"
알면 됐고

세상이 좋아 톡으로
시시각각 소통할 수 있음에
아이가 시시각각 자라는 모습을
가까이 보지 않아도
안은 듯 업은 듯 느낄 수 있으니
신선인들 부러우랴

그저 도끼자루랑 도포 자락만
잘 간수하면 될 것을
어허 좋구나 좋은 세상이야

살구에 대한 단상

시인의 마당엔 살구나무가 있다
올해도 실한 열매를 맺은 나무 밑에서
시인의 남편이 살구를 딴다
그녀는 얼마 전 다친 손에 붕대를 감고
살구나무를 채근한다
빨리 익어야지
다른 사람 손으로 가지 말아야지
옹퉁진 욕심을 처음 부리면서
남편이 딴 살구를 비닐봉지에 넣어왔다

살구가 먹음직스럽다
잘 익은 놈으로 반 쪽 갈랐더니
곱다란 벌레 한 마리 꾸물대며 날아오를
그날을 위해 열심히 밥을 퍼먹고 있다
오물오물 잘도 먹는다

벌레를 가만히 집어내고
살구를 입속으로 넣었다
단물이 퍼지며 벌레 생명선이 끊어진다
또 한 개의 살구를 집어 들어
반 쪽으로 가른다

또 한 마리의 하얀 벌레
이 녀석은 늘씬하다 똥보균이 없나보다
무참히 이 날씬한 녀석도 집어낸다
살구를 입에 넣는다 천천히 음미하며 즐기며 하는 말

그래 이 맛이야

사람도 벌레보다 못한 사람 꼭 있다
냅름 집어내 버리고 싶은 사람
끊이지 않는 관계 속에서 나는 누군가에게 뭘까
살구 살을 파먹는 하얀 벌레처럼
나는 누군가를 덥석 집어내 버리고
누군가는 나를 덥석 집어내 버리는
관계와 관계의 사슬, 고리 속을 들여다본다

언덕 위의 하얀 집 여사님의 냉이 소회

　냉이를 캐서 다듬고 씻어서
　된장만 풀어 끓이면 냉이된장국이고
　무치면 냉이 무침이 되게끔 정갈하다
　가을 냉이는 봄 냉이랑 향이 다를라나
　나이가 드니 초무침이 부담스러운 건 나뿐일까 된장으로 조물거리고 들기름을 듬뿍 붓고 깨소금을 살살 뿌렸더니 고소함이 천장을 뚫고 스멀스멀 벽을 넘어 동네 한 바퀴를 돈다

　봄은 어느 행성쯤에서
　꽃을 피우느라 부산스러울 터에
　평생 살아온 고통 기쁨 슬픔 환희의 순간들을 질박하게 소란스럽지않게 쌉쌀달콤한 맛으로 버무려진 자서전을 내시는 이옥자 여사님이
　건네주신 냉이 한 덩이를 풀어헤쳐 반은 무치고 반은 된장을 풀어 끓였다

　이옥자 여사님의 평생이 담긴
　[언덕 위 하얀 집] 출판기념회를 가지신다며 수줍게 책을 건네신다.
　바람이 심하고 찬기가 몰려오는 겨울 아침이었다
　한 대목 낭독을 부탁하셔서 읽고 또 읽으며 고르고 고른다. 여사님을 어떻게 빛내드리나. 냉이 무침 맛으로 냉이 된장국 맛으로 낭독해 드려야지

삶은 삶으로 어떤 향기든 진동한다
그 누구의 삶이라도 각자의 향기가 있을 법에
이옥자 여사님의 언덕 위 하얀집 굴뚝에서
구수하고 상큼하고 따순
냉이 무침 맛과 냉이된장국 맛이 나기를!

파김치를 담그며

산성역 2번 출구에서
쪽파를 까서 파는
아주머니에게 늦은 밤
까놓은 쪽파 열 단을 샀다

쪽파를 까는 아주머니 손톱이
다 닳아서 내년쯤
쪽파를 까서 파는 일을
멈출지도 모를 일이란 생각이 들어
몽땅 털어 사버렸다
내 어머니의 손톱이 저랬다
한평생 얼마나 많은 일을 해내셨는지
알 수 없는 방정식 같은 손톱

어머니 그거 다 주세요
한가득 사 온 쪽파를 씻어 건져두고
양념을 만들고
잠시 쪽파를 까던
아주머니 손톱을 떠올린다
아슴히 내 어머니의
신산했던 삶의 여정이
밤새 환한 꽃등불로 밝힌
벚꽃의 민낯에 얹히면서
그리움으로 몸살 대는 밤

파김치를 버무리며
손톱 빠지도록 이 땅을 일군
어머니들에게 사랑을
존경을 경외를 바치며
정성껏 버무린다

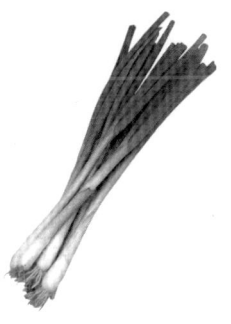

4부
뒤죽박죽 수다 풀기

뒤죽박죽 수다 풀기

 곤지암천 옆에 횟집 마당에 넷이 마주 앉았다. 하늘이 무거운 회색빛이더니 빗방울을 흘려냈지만 우린 아랑곳 않고 보따리를 풀기 시작했다 늘 풀어내는 보따리지만 보따리에서 풀려나는 이야기거린 늘 신선하고 생생하며 자유롭다. 가끔은 발칙한 상상 같은 역사 이야기가 영혼을 정화 시키기도 한다
 문학사에서 요즘 돌아가는 문학사에 이슈로 떠오른 모 작가의 표절 이야기가 안주거리가 되기도 하고 누가 받은 문학상의 연유와 사유가 한 접시 안주가 되고 - -
 소주를 서너 병 비웠을 무렵 작고 미세한 빗방울은 멈춰있었고 하늘은 개의치 않는 우릴 내려다보고 아마도 선의를 베푼것이라 생각하며 곤지암천 건너 아파트 쪽으로 잘 다듬어놓은 찻집으로 자릴 옮겼다
 빗방울이 다시 떨어지기 시작했지만 우린 잔디밭 바깥 테이블에 자유롭게 자릴 잡았다
 음 - 아메리카노 2잔 카페모카 1잔 난 꺄레멜 마끼아또1잔 - 입에 착 감기는 마끼야또 맛이 일품이다

 －백제의 문을 열다. 소서노가 세운 백제 그리고 그녀의 아들들이 세운 나라 － 백제를 어머니 나라라고 결코 침략하지 않았던 일본에 대해
 만약 신라가 아닌 백제가 삼국을 통일했더라면 전개되었을 역사의 흐름이거나 백제가 얼마나 원대한 나라였던가에

대해 그 위대함에 대해 변함없이 열을 올리고 멀리 아메리카 대륙이거나 남아메리카 대륙에 동이족으로 불리던 우리 민족의 이동사 거나 ―

그가 토해내는 역사에 난 그렇지 그건 이렇지 하며 맞장구로 불을 지피고 ―
쌤이 우릴 찾는 연유가 이런 대화가 가능하기에 찾는 걸 알기에 반죽을 맞춰준다
목화는 몽골 평원에 자생한 식물로 유목민이었던 그들이 솜을 내어 솜옷을 입었고 우린 그 목화가 있어 안과 경계선을 창호지 한 장으로 꼿꼿하게 버티고 왔노라며 이러저러 늘어놓은 채로 난 쓰러져 잠들다
귓가로 들려 나는 긴 히스토리가 동공에 또 하나의 나라를 세울 쯤 ―
또 하루가 ― 난 이생에선 단 한 사람을 만날 목적으로 왔기에 다른 데 관심이 없다
내가 이 땅에서 하는 그 어떤 것도 단 한 사람을 만나기 위함의 과정일 뿐 그리고 그와 도모하는 일일 뿐 ―

한국인의 DNA

이 나라는
현재까지 수많은 외세의
침략을 거치면서 성장해 왔고 다져져 왔다고
자부를 하는 망상증에 푹 젖어서 젖은 줄도 모른다
너~무 잦은 침략으로 철벽으로 다져져 버렸나?
숱한 전쟁을 거치면서
신분 제도가 갈라졌고 노예 제도가 생겨났고
권력자들의 중심으로 역사가 이어져 왔다
뭐 어딘들 안 그러겠냐고 침 튀길 테지만

정녕 자세히 들여다보면
진정 이 나라를 지탱시킨 힘은
권력자들이 아닌 권력자들에게 잡힌 민초들의 몫이었다
그들은 쉬지 않고 도망치고
억세게 부딪치며 끈기 있게 살아남으면서
평등의 세상을 만들고자 했다
음 그러고 보니 내 혈통도 그런 가

한국인의 권력자 몸속엔 그 누구도 당할 수 없는
탐욕과 사대주의 유전인자가 들어있는 것 같다
틀림없어 틀림없다니까
그에 맞서 자유를 갈구하는 서민들의
평등주의자 유전인자 서로 맞붙는다
한국인의 피돌기엔 분명 두 가지 인자가 복합적으로 흐르다가
때가 되면 권력자와 평등주의자로 나뉜다

권력은 달콤하나 결국
평등주의자들에게 전복당한다, 끝없는 희망 사항이다.
어째 이 영역에선 자유와 평등은 패배자이기도 하지
평등주의에서 돌아서는 순간 외려 짓밟히면서도
어쩌면 권력 인자는 온갖 수단을 앞세워
탐욕의 인자가 몇 배로 강한 모양이다

권력자들이여 함께 가는 길을 택하라
욕심부려 눈이 멀면
결국 눈은 빠지고
귀는 닫혀 벙어리가 되리라
평등을 꿈꾸는 자들을 막아서지 마라
자유는 만인의 뼛속에 각인된 DNA가
스스로 지켜내는 생존의 결사이니라

요즘, 이광수의 민족개조론과
빌어먹을 이영훈의 반일 종족주의에
독도가 우리 땅인 적 없다는 개소리와
위안부가 아닌 공창만 있을 뿐이었다는
개호로새씨늘 억장질로
개빡치면서 씨발 내 영혼에
좆 같은 DNA가 박혀있나 싶어 탈탈 털어낸다

어리의 연두

연두를 사랑하는
여인이 있어 연두로 옷을 짓네
연두에 색을 넣어
실을 잣고 베를 짜고
바느질을 누비며 수를 놓는다네
우린 그녀를 어리라고 불러요

어리는 시를 짓네
간결하면서 수려하네
깊으면서 짜릿하네
넓으면서 정교하네
높으면서 따뜻하네
어리의 시는
가슴 한복판에서
한 송이 꽃으로 한 마리 새로 화하네

어리네 연두에서
천연염색 옷을 고르네
숨결을 고르네
행복을 고르네
골라온 옷들의 품격은 남다르네
옷은 어깨에 날개를 다는 것
어리의 연두는
세상 어디서도 구할 수 없는

따뜻함과 다정함과 신뢰를
바느질하는 곳이라네

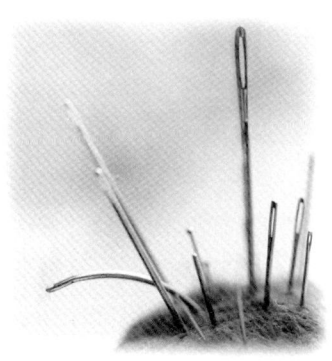

호모사피엔스 & 포노사피엔스

숙주가 되어버린
호모 사피엔스들에게
코로나19가 비웃듯이
국경을 넘나들고
대륙을 횡단하며 정체를 바꾸어
맹공을 퍼부어 댄다

숙주들은 온갖 지혜를 총동원시켜
바이러스를 막기 위해 고군분투 중이다

―마스크를 쓰시오
―집구석에 있으시오
―나오면 벌금이오
―튀면 발찌를 채우겠소

어떤 사피엔스 종족은
바이러스를 핑계로 인도 사피엔스는 몽둥이를 들었다
저 미친 사피엔스는 총질도 서슴지 않는다
어떤 종족은 바이러스보다
더 무서운 호모사피엔스의
수탈을 막기 위해 다투어 총을 산다
대한민국 사피엔스는 추적을 한다.
추노의 기질을 타고난 것 같다
어디에 갔느냐 누굴 만났느냐
찾아내서 바로 격리시킨다

화장터가 다운되고
묘지는 모자라고
교회는 시신을 담은 관으로 가득 찼다
섬을 꿈꾸던 자들을 분류해
섬에 커다란 구덩이를 파더니
나란히 나란히 눕혀 마구 묻는다. 묻어버린다

호모사피엔스가
얼마나 힘이 없는 존재인지
여실히, 생생히 보여준다
살아남은 호모사피엔스들은
빠른 속도로 포노사피엔스로 진화한다

코로나19가 족보를 바꾸어
다시 찾아올 그때는
포노사피엔스들과
전쟁을 벌여야 할 것이다
포노사피엔스로 진화되는 시대
진화에서 서둘러 앞서지 못하면
바이러스와의 전쟁에서
승리는 더딜 것이다

* 포노사피엔스 _ 테크놀로지 혁명과 최첨단 디지털 기기를 다룰 줄 아는 사피엔스를 이르는 신종어

신들께 고하나니

신들이 선 곳은 갈랫길이다
찢어지고 할퀴고 상처 속에서
끊임없이 탐하는 권력 위
그 위 권력에 군림하려 용을 쓰신다
자신이 유일신이라고 힘겨루기를
그치지 않으며 인간들을 독려한다
내가 구세주다~~입에 침을 튀기며
이 연사 외칩니다~~를 연발하신다
인간은 갈랫길에서 한편 먹기 원하는
신들을 선택해서 죽기 살기로 싸운다

덫에 걸린 줄도 모르는 인간들처럼
나도 어느 한 편 신의 편을 든다

힘 좀 내시라구요 제발
아~능력을 믿어드리고 싶지만
이 현실을 어쩌실 건데요?
회의는 하고 계신가요?
이러다 쪽도 못 쓰고 당하시는 건 아니죠?
힘내서서 일 좀 하세요
맨날 큰소리만 치지 마시구요

내 신은 큰소리치시기로 일등인데
자존심만 딥다 쎄시고 잘난 척 하시기로
천하장사급이신데
어째 믿습니다~를 외칠
자신감이 없어진다구요

요즘 나의 신께서는
배밀이 하며 열 받아하며 삿대질해대며
왜 그렇게 결단력 없냐고
침 튀기며 거품 무는 겁대가리 없는
싹수라곤 없는 내 눈치를 보신다
라고 착각하며 산다
아이엠 쏘리 나의 신님

허난설헌 묘소에서

일 년 만에 다시 찾아왔소
잘 지내셨소
여기 천년이
그쪽 일 년이라 합디다

하필
치마 두르고 조선 시대에 와서
그리 똑똑하면 어쩐답니까
제아무리 특출난들
못난 사람들
틈바구니에서
명치가 막혔을 것을요

술 한잔 받으세요
권커니 잣거니 까진 못해도
후딱 한 모금 털어 삼키시고
세상을 씹어 버리세요

지금 이 시대엔 다 똑똑이 상상초월
이름 석 자 남기기 하늘의 별 따기요
차라리 그 시대별로 뜨심도
나쁜 패만은 아닐 듯요

* 2020 5 30 난설헌 허초희 묘 찾아 술 한 잔 붓다

6월

신록으로 산야의
색이 깊어지면
이 땅엔 비목 위로 피가 흐른다
세상에서
가장 슬픈 선을 간직한
숲들이 흘리는 눈물의 노래여

이렇게 6월은
1950년 이후 아프고 서럽다
이 땅을 지켜내려
생목숨 제물로 바쳐져 푸르나니
한 잎 한 잎 쥐어짜면
붉은 피 주르르 흘러
장미로 숭얼숭얼 가슴을 펴는가

어루만져 이 땅 이 강산
그 무엇하나
사랑하지 못할 것 무엇이리
영영 이 나라 이 조국 지켜내리니
6월은 언젠가
기쁨의 잔치가 열리고
자유의 환호로 답하오리다

서희 장군 묘소에서

오늘
당신의 묘소 앞에 섰습니다
지나는 길에 얼핏 스쳤다가
오늘 마음먹고 소주 한 병 챙겨 왔습니다
멀지 않은 곤지암에 스며든지
벌써 5년째입니다

오늘을 고하자면
2020년 5월 30일입니다
장군께서 외교의 신이 되어
거란을 물러가게 하므로 얻었던
고려의 숨통은 훗날 끊어졌고
조선이 건국되었지요

조선의 4대 왕 세종께서
훈민정음을 만드시고
온 국민이 한글을 사용하지요

조선왕조 5백 년 사직을 닫고
왜놈 게다짝에 36년 짓밟혀
힘 쪽 빠진 틈에 미국 러시아 중국 열강들 조작질로
손바닥만 한 한반도 허리가 작신 잘려 반토막씩 나뉘었지요
한쪽에서 이산가족 그립다고 울고불고
권력 잡은 놈들은 주적이라 웬수라 삿대질로 70년 흘렀나이다

오늘날 장군의 묘비에 쓰어진 한문을 읽을 줄 아는 자
심히 적으오매 눈치껏 장군의 행적을 짐작하나이다

이렇듯 시대는 변했으나
변하지 않은 것이 있으니 바로
외교의 수단과 방법이옵니다
중국이 중원을 통일하여
세계의 중심을 잡고 일어서매
최강 미국과 양대 축이라며 목이 뻣뻣하나이다
이 나라는 양측에 절반씩 기대어
배를 채우는 형편인지라
가히 외교의 신이 되어야 합니다

장군의 기지와 힘을, 실력을 이 나라를 이끄는 지도자들
에게 나리소서
시방 역병이 지구촌을 점령했고
역병에 당하고 있는 인구가 솔찬합니다

하늘이 보우하신다는 이 민족이
쪽을 쓰도록 미국 등 타고 중국 말굽 타고
세상을 진군하여 대성케 하옵소서
마음의 소지 올리며 술 한잔 바치옵니다

백마고지에서 들려 나는

완벽한 겨울의 향과 완벽한 봄과의 공존이었어
똬리를 틀고 어둠의 색조와
여전히 겨울처럼 도사린 역사의 집착은
비명과 함성과 억울함과 환희를
청동화로에 향불로 태워내고 있었지

젊디 젊은것들의 목숨값으로
툭툭 꽃으로 피워내던 것은 태극기였어
무던한 인내로 피워 올린 70년이란 이름의 꽃.
푸른 피로 피워낸 꽃과 나무가
길어 올린 하늘은 붉었지

세상이 뒤집힌 야트막한 산자락에서
전쟁은 고생 총량의 법칙임을 들어봤냐고
벌떡 일어나 나를 붙잡고
한 학생이 울분을 토하더라고,
그건 분명 웅변이었지만 눈물 밴 하소연이었어

학생은 낡은 군화도 신지도 않았고
앳된 눈동자가 하나뿐이었는데
쑥스럽게 웃으며 철모를 쓰지 못해
잃어버린 한쪽 눈을 찾고 있다 했지.

검은 절벽을 가만히
밀어제치고 학생이 잃어버린 눈알을 주워 들고
비어있는 오른쪽 눈에 맞춰 넣었지,
학생이 웃었어, 이제 진정으로
고생 총량의 법칙, 전쟁을 정리한다면서.

6.25

— 70년에 부쳐

고성 3 땅굴 속에서 북쪽을 들여다본다
컴컴함 밖엔 없는 곳을 향해 상념에 잠긴다

서로의 조국을 지키겠노라
분연히 떨쳐 일어나 달리는 군대가 되었는가
어떤 조국을 원했던 것인가
총알을 많이 가진 자가 승리했는가
6월의 녹음을 피로 적시며
어떤 이념을 위해 불살랐는가
손바닥만 한 한반도를 차지하기 위한
거름이 되려 했는가

공산주의를 위해 포탄 속을 뛰며
마침내 허리가 분질러지고 내장을 쏟았던가
민주주의를 위해 총탄 사이를 누비다가
눈알이 빠지고 모가지가 떨어졌는가
그대들 유혈 낭자를 받아 마신
6월의 산야가 짙푸르다 못해 검다

시키니까 열심히 팠을 땅굴을 나와
백마고지를 바라보니 그대들 헛웃음이
그 무엇을 향해 간절하구나

헛것을 본 것처럼 망연히 묵주의 매듭처럼
단단히 얽힌 운명의 피 흘림을 어쩔거나
그저 서슬 퍼런 망향가로 목 놓아 부르려니
망향가로 목 놓아 부르려니.

영릉에서

전하
저희는 미래에서 왔사옵니다
2016년 5월에서 왔지요
우린 전하가 만드신
훈민정음을 토대로 진화한
우리의 독립된 언어 한글을
사용하고 있사옵니다

여주가 도자기 축제로
5월을 하늘을 빛내고 있었다
도공의 손에서 빚어진
다양한 도자기들은
나름의 자태와 색감을 자랑했다

아름다움 앞에선
영혼은 탐한다
저 다기에 차를 우려
저어기 저 찻잔에 부어 마시고 싶구나
저 접시에 달콤한
갖은 과일을 담았으면
저토록 기품 있는 접시에
내가 만든 요리를 담아 식탁에 놓았으면

탐!
탐하다 전하를 뵙나이다
과거나 미래나
아름다움 앞에선 영혼마저
탐앞에 무릎 꿇음이
아름다운 죄 아니겠나이까

한탄강

그곳에 비가 되어 서 있었다.
나무로. 바위로. 혹은 하늘로
정체를 바꾸어 하염없이 흘렀다.

나무로 서 있던 그는
침묵을 천둥으로 바꾸거나
적막한 퇴로를 열어
폐허를 꽃으로 꽃떨기로
남북의 간나새끼와 에미나이를 키워냈다
지리멸렬했던 역사의 뒤안을 온통 헤집어.

애벌레 집처럼 응축시킨
역사의 무심과 후회, 변수의 합을 풀어
평화의 시절을 도래시킬 참이다
포식자의 숨으로
서로의 적진 삼아 포효하며 저질렀던 함성
움켜쥔 산천어의 몸을 비우는 태동으로
울혈을 풀어내 은빛 비늘로 흘러내리라
세월을 참으로 치열하게 끌어왔다

기억이란 곳간은
쉽게 미화되거나 변질되는 것
지난하고 거칠었던 지난 것들을
달콤함의 변주로 거침없는 광활의 도돌이표를 그릴 테다
죄와 용서가 서성이다 원죄의 속박을 풀어
거대한 명징이 화해의 악수를 향해 진군할 것이다.

한탄강 하소연

나, 나라를 참 여럿 품었지
한탄에 녹아진 내 허리를 봐
가장 아픈 나라가 내 허리 작살낸
지금의 나라라고 말할 수 있지
호랑이 상체를 토끼 다리로 떠받치고 걷던 지가 솔찬하지
칠십 년 훌쩍 넘어서는데 웬만하면 화해란걸 해봐
이산의 허기를 달래 줘야지, 안 그런가.

유독 이 땅은 왜 그리 피로 거름을 삼나
굽이마다 노랠 만들어 부르며
꾸역꾸역 한스럽다 한탄을 늘어놓을 건 또 뭐야
아리랑이 굽이진 물살을 타고 넘어
금강의 비경을 연모하고
설악의 비장으로 목울대를 풀어
이산의 넋이 길 잃었음을 애곡하니 마니
어이없는 청승질이냐고, 풀면 될걸

  인생살이 칠십 년이면 모가지 주저앉고 등 굽어 주저앉지
  다 닳아빠진 희망고문으로 이산의 아픔을 처먹고 배부른 배때지들을 봐
  난 저들의 마음을 간병하느라 지쳤어. 어느 한때 사회주의에 발을 내밀었다가
  안 되겠다 싶어 민주주의로 슬쩍 자릴 옮겼지
  기묘한 역사의 뒤안길을 보듬고 미친 척 흐르고 있자니
  이성이 선 채로 쓰러지고 자빠지면서 여적 허우적거리고 있다고

역사의 키를 돌리는 순간을 마주할 때마다
조마조마 진저리 넌더리 치면서
칠십 번의 봄을 여름을 가을을 겨울을 보냈지
나 얼마나 더 흐르고 나서야
들먹들먹 일어서는 울음을, 설움을 그칠 수 있을까나

삼팔선에 대해 알고 면장질 좀 하자고

찧고 까불지 마라
우리끼리 싸운 것 같지만 싸움 구경시킨 자들의 꼭두각시였어
자 들어봐. 제발. 근간을 알아야 문제를 풀 수 있어.
요즘은 숫제 38선이 관광지인 줄 알아
38선은 말이야. 북위 38도선을 경계로 남과 북으로 분할한 분단선인거 알지?
한반도를 싹둑 잘랐다고. 한반도가 무야? 싹둑 자르게?
무처럼 잘린 사연 들어 봐, 잘 들어봐. 이 분단선이 생긴 유래를
이 분단선은 2차 세계대전 전후처리 과정에서 이미 생겨 있었어.
중국과 일본, 러시아와 일본 간에 이미 한반도 분할을 두고 비밀회의가 열렸을 그때, 1945년 해방 전이었다고.
1945년 8월 11일 미군 3부 조정위원회에서 38 이북은 소련군이, 남한은 미군이 일본 항복을 접수하자고 기인 된 분할 선이었다니까.
더글라스 맥아더가 1945년 8월 15일 일반명령 제 1호를 발표하면서 38선이 공식화된 거야. 이미 저들의 결정대로.
신탁통치안도 우리끼리 싸운 걸로 되어 있지만 이미 저들의 국제정치적 흥정과 이익이 계산되어 그어진 선 안에서 멋도 모르고 피부림한 거지.
이걸 가지고 우리끼리 피 터지게 싸우고 자빠졌네. 니가 옳네 내가 옳네.

염병하고 자빠졌네. 이 38선의 문제를 푸는 방식은 일반적 계산법으로 안 되게 되어 있어. 가른 자들을 제끼고 솎아내야 해. 갈랐던 나라 하나는 이름도 바뀌고 세력도 달라졌지. 지금 전쟁 중이니 더 약화 되지 않겠어.

그 옆에 거대한 중국이 깨어나더니 생지랄로 시끄러워

미국은 전쟁의 신이지, 그걸로 판세를 키워 지금의 패권을 쥔 거니까

바둑엔 미생이 있고 경우의 수가 있는데 말이야.

수를 둘 줄 아는 자가 필요한 거지. 안 그래? 그러니 찾아. 찾으라고.

그리움

아주 뻔한 거
문득 아슴하게 눈가 젖는 거
먹먹하게 차오르는 포만감인데
분명 포만감인데 허덕이는 거
껴안았다 끌어 안았다를
반복하는 몸짓으로
끝없이 투신하고 마는 거
겨우 가라앉힌 파고의 울음소리
들고 일어나는 데로 다시 함께 포효하는 거

아주 뻔한 거

늘 반복됨과 되돌림의 연속이나
아까운 안타까움으로 폭주하는 거
손에 잡히지 않지만 존재를 향해
끝없이 갈구하는 거
매화꽃술의 회음부가 열리고
목련의 자궁이 열리고
라일락이 5월의 바람에 암내를 흩뿌리면
이러지도 저러지도 못하고 발광하는 거
내 그리움의 동족이 부르면
거침없이 맨발로 내달아 달려가는 거

아주 뻔한 건데 뻔하지 않은 거

어이 K 보소

자네는
내 안부가 궁금했다고 했네
자네에게 대뜸 물었었지
뭐 하고 지내
으레 묻는 말에
태연하게 처억 늘어진 어투로
응 불법…퇴폐업소 운영해
그거 불법 아니잖는가
응 눈속임으로 간판만 달아 놓은 거여
단속은 새들이 알려줘

안마가 연상되는
간판만 보면
자네가 생각나네
우연찮게 시장 골목을
지나면서 했던 말
저 콩을 까서 밥을 지어 먹을 수 있는
여자를 만나면 세상이 다 내 것이것네

세상 여자들이
다 그렇게 살지 않것능가
새 콩 나면 콩깍지 까서
풋콩 넣어 밥 지어 먹고 살지

메마른 어투 속에
잔정을 그리워하는
불편한 이기심을 놓지 못하는
자넬 생각하면
이상하게 가슴에
생채기가 생겨

어제 잠깐 들른 곳에
쪄놓은 콩 줄기가 풍성하더군
k 자네 생각이 났어
아직도 불법 천지에서
새들과 긴밀하고 은밀한 속삭임으로
살고 있능가

한때
접었단 소식이 잠결처럼
들린가 싶더니

단속 메뉴가 뉴스에 뜨면
써글넘 잘 있나 싶구먼
사람 목숨 빌어 묵고 사는 일도 가지가지여
왜 하필이냐고
토달 일도 흉 볼 일도
내 목숨 부지에 힘부쳐 포기하고 산다네

단풍 곱네
콩깍지 까서 풋콩 넣어
밥 짓는 짚신은 만났능가

아침엔

유년 시절 아침 —
끔찍했다
왜 시간 맞춰 일어나야만 하는지에 질렸다
늘상 반복되는 같은 시간의 아침밥
똑같은 일상으로 농사일 나가시는 부모님
내 기억의 아침은
전쟁통 같은 시끄러움과
두려움과 질림이었다

학창 시절의 아침 —
유년의 아침보다 더 좀 더 일찍
새처럼 일어나 집안일을 거들어야 했다
아침은 끔찍한 짐이었다
찬란한 태양이니
영롱한 이슬은 아이러니하게도
책 속에서 보았다
눈먼 아침이었다

청년의 아침 —
비로소 아침다운 아침을 포기하고서야
아침다운 아침을 맞기 시작했다
완벽하게 날 저물고 날 밝음을
희롱하기 위해서
아침보다 빨리 달려야만 했다

중년의 아침 —
새끼들을 건사하기 위해
의무와 책임을 상 위에 받쳐 올려
식구들은 맛없는 아침 밥상을 마주했다

그리고 천천히 때론 너무 빨리
가고 와 버린 아침에
시간을 제동시키고
천천히 조율하는 기능사가 되었다
아침이 가거나 오거나에
무심한 심장이
천하의 아침지기가 되었음을…

소년의 제국

새끼손가락만 했던
한 소년이 있었네
무심히 소금처럼 피어 흔들리던
개망초처럼 내 곁을 지나쳤었네
농부의 땀으로 빚어진
잘 익은 논둑 길에서
도롱테를 굴리며
마주보기도 했었네

그 소년의 안부가
세월 속 시간을 세는
시침의 사이사이에 낯설고
낡은 현수막처럼 걸려졌고
언젠가부터 바람결에
실려 오는 기별이
가슴에 걸터앉았다 떠나곤 했다네

아. 운명처럼
어느 순간에 소년은
새끼손가락 너머
약지를 거쳐 가장 유용한
집게손가락이 되어
땅을 일구고 있었네

소년이 일구는 땅은 척박하나
비옥해질 것을 알기에
소년이 흘리는 땀이
보배로운 거름이 되어
탐스러운 과실로 익을 것을 알기에
소년은 이미 장성하여
성스러운 건국을
완성할 것이라네

재인, 재인이어라
— 재인폭포

 춤을 춘다. 해를 품고 달을 품고 산천초목을 닮은 품새로 너울너울 춤을 춘다.
 보아라. 너희는 올려다보아라. 자유를, 이 평화를.
 재인이 춤을 추면 하늘의 창이 열렸고 땅이 고개를 들었지.
 폭포를 절경으로 줄 위에서 그가 춤을 추면 폭포는 소리높여 흘렀고
 선녀탕을 찾던 선녀들은 재인의 춤사위를 보려고 목욕을 서둘렀지.
 재인의 춤사위에 비명이 가득한 심장들이 대열을 이루어 춤을 어루는 광경을 상상해 봐,
 춤추는 이 곁에 춤처럼, 춤보다 아름다운 그녀가 있어
 재인의 춤은 신명이 하늘로 오르곤 했어. 그 한날도 그랬지.
 그런데 좋은 일엔 꼭 마가 껴. 아름다움은 번뜩이는 탐을 부르지.
 탐을 위한 탐의 모의가 작당 되고 재인의 탈 줄이 탐의 모의에 합의하던 날,
 재인이 지상의 춤을 멈추었지.
 춤을 멈춘 그는 자유를 잃은 계곡을 차마 떠나지 못하고 기다렸지.
 지독한 위정자의 못생긴 코가, 춤추던 재인의 꽃송이가 피워낸 가시에 찔려 떨어지기를. 마침내 땅의 이름을 코문리로 바꾸어 놓은 꽃송이가, 재인이 추었던 춤을 흠모의 꽃으로 피워냈던 꽃송이가 재인을 보며 손을 내밀었다네.

재인이 웃었다네. 고이 가꾸고 품은 꽃송이를 거두어 함께 춤을 추며 떠났다네. 그 계곡에 폭포에 재인이란 이름을 붙여주고.

하늘로 훨훨 바람으로 날아올랐다네.

오늘은 한낮인데도 달이 가득 차올라 내 영혼의 찻잔 속에서 거대한 그리움으로 빚은 폭풍을 일으키네. 그대들 재인, 재인이어라.

* 연천에 있는 재인폭포

족보 이야기

대기업 경영권을 놓고
두 형제가 격전의 장에 섰다
치매 중인 아버지의 판단력에 따라
장남이 혹은 차남이
후계자가 될 거란다

성경에 믿음의 조상으로 일컫는
아브라함에게 두 아들이 있었다
이스마엘과 이삭이었는데
아브라함은 하나님의 명을 따라
이스마엘을 떠나보내고
이삭을 후계자로 삼았다

이스마엘은 후일 큰 민족을 이루었고
그들은 지금도 자신들이
믿음의 장손임을 주장한다
이삭에게 에서와 야곱 두 아들이 있었다
이삭은 쌍둥이 아들 중 차남인
야곱을 후계자로 삼았고
에서는 장남의 축복을 받지 못하자
이스마엘 딸을 취하여
거대한 강국을 이루며 이스마엘과 합류했다

아버지 그리고 장남 차남
그리고 형제들
족보는 잘나고 싶고
존재감을 나타내고 싶은
사람들의 전유물일까
창세기의 시초가 족보 이야기에서
시작되며 복낙원도
실낙원도 결국 누가
후계자가 되느냐에 따라
하늘의 판도가 달라지고
땅의 기운이 달라진다

기업의 후계를 놓고 벌이는
치열한 격전 속에 반격과
반전을 지켜보면서
난 성경 이야기를 찬찬히 생각한다
후계자를 참으로 잘 선택할 일이다

진달래 연서

내 영혼의 피는 진달래색이라오
이 땅의 핏줄기도 진달래색 같소이다
이 겨레의 피돌기도 진달래색 아니겠소
한반도 배꼽 단전에 모인 기운으로
피우는 꽃이 진달래 진달래로소이다
어쩌면 한국의 시인들은
소월표 진달래색 가슴으로
물들여져 있는 것 아닐까 싶소
임이 지르밟고 차마 떠나지 못할 진달래요
이 민족으로 태어남도
진달래 혼이 깃들인 탓도 있을 법 하오만

진달래는 가난한 사람들을 위한
노래를 부를 줄 알기에
두견화가 되어 화전으로 배고픔을 달래주고
두견주가 되어 이 민족의 목을 축이며
건배사를 이루어 왔기에

아리랑을 먹고 자라고
민족이 태동하고 치열하게 살아남는
역사를 먹으며 탯줄을 이어왔기에
산야에 하늘하늘 짓쳐 피어난 모양새가
잡초 같은 민초들의 모습을 쏘옥 빼닮았기에
진달래하면 진달래 피면 진달래를 보면
무심코 가슴 뻐근해지는 것 아니것소

촛불

어쩌면 억조창생은
촛불을 켬으로 창조되었으리
원죄와 업보의 맞닿음을 가르는 일
만경창파에 득음으로 띄운
일엽편주의 위태로운 자유
촛불을 켜는 일은
세상의 길을 여는 의식이자
낙원을 관통하는 첩경의 비법
홀로그램 같은 신들의 세계로
비상하는 날개로 공들여 쌓은 탑
염원과 기원이 촛불로 타오르면
경천동지로 세상이
바로 서는 절호의 기회일지니

혼삿집 어머니의 촛불점화는
그 기운을 받아 태어난 생명이
다시 촛불을 켜 대를 잇게 하나니
촛불은 보이지 않는 세계와
보이는 세계를 잇는 오작교
비나이다 비나이디 비옵나니
촛불을 든 작은 이들의
희망의 무게를 달아보시고
저토록 크나큰 기운으로 모쪼록
이 민족이 보우되사이다
이 나라가 건재하사이다

수국의 노래 탄생의 노래

나의 목젖이 사랑스러운
울음을 마음껏 노래했던 날
그날, 그 시.

뻐꾸기 깨어나고
산딸기 익을 채비하고
찔레순 풋풋하게 살 오르고
순 녹의 세월이 숨을 터트리던
그 계절 봄, 스무날 그 어디메 쯤
시간을 넘어 흰 발을 뻗어 내던 힘이었지

만남이란 그런 거지
약속이란 그런 거야
천만년 돌고 돌아도
다시 만나지고야 마는 삶의 돌기, 회기
이제 돌아갈 문을 찾는 시간

찰나로 비켜 버린 만남을
또다시 만남으로 떠나야 하는
사랑이여 내 사랑이여
노래하라 수국이여
시방, 내 앞에 크게 목젖을 늘여
노래 부를 매무새를 갖춘
보랏빛 영롱함을 뿌려내는 수국이여!

목련 눈부신 조락하다

그대 뒷모습이
저리도 아름다웠던가
늘 처절한 슬픔의 뭉텅이를
떨구면서 처연한 뒤태로 남으시더니
어인 일로 이리도 화창하게
눈부신 조락으로
세상을 점령하시는가!!

그대 정녕 소원을 이루셨는가
올봄엔 만나고픈 이를 만났는가
올봄엔 인연을 이으셨는가
사랑을 마주 하셨는가
나, 반세기 만에 그대
눈부신 웃음으로 남긴 뒷자락에
흥건한 눈물로 행복하나니!

밤이면 밤마다

그대는 은밀하게 내게 오시지요
밤이면 밤마다 빠짐이 없죠
내 곁에 다정히 누우서선
이루 말할 수 없는 푸근함으로
날 애무합니다 참 부드럽고 달콤해요
그댄 참으로 따뜻하고 부드럽습니다
그댄 어엿한 장년으로 근사하군요
그야말로 빼어난 기품을 지니셨어요
나는 사랑 그 이상으로
당신을 곁에 품습니다
당신의 때론 거칠고 때론 말할 수 없이
부드러운 호흡을 즐깁니다
나는 당신의 부드러운 몸을 애무하지요
그 뜨거운 순간 당신은
누구도 흉내 내지 못할 표현으로 감미롭지요
난 그 소리가 겨워 그댈 애무하지요
아! 죽음보다 달콤한 순간입니다
그리고
한참의 사랑의 순간이 지나면
그댄 홀연히 또한 아주 은밀하게
내 곁에서 내일 밤을 약속하며 떠납니다
난 매일 밤 그댈 사모하여
기다릴 테죠 언제나처럼요
그대의 기품 있는 자태를 기다릴 테죠

오늘 밤도 다녀가신 그대여
난 그댈 위해 문을 닫지 않아요
어쩌면 내 문은 그댈 위해
언제까지나 열려 있을 거에요

(언제나 잊지 않고 찾아올 거지
완전 멋진 우리 냥이^^)

귀신같이 찾아온다

누부야
아부지어무이 기일을
토요일로 하면 내려올 수 있것나
얼굴 봐야 정들지
안 보면 멀어진다카이
아부지어무니 기일을
일 월 화 걸리모
앞 토요일로 땡기고
목 금 토 걸리모 다음 토요일로
지낼낀데 누부 와야칸데이

토요일임사
당근 가것지만서도
우에 그리한단말이고

걱정말그라
귀신들은 귀신같이 찾아온다아이가~~

종일 누부의 입가에
번져 나는 웃음자락이
귀에 걸린 가을날
자슥들 입가에 웃음풍년
농사지은 귀신아부지어무이요
사랑합니데이

내 자슥 놈들이
날 기억해 줌서
우리 엄니 귀신같이 찾아올끼다
한마디 함스러
웃음농사 지었으면…

아서라 택도 없는 소리아이것나

어느 공주님과의 이별 이야기

1.
난 그녀를 어쩌면 목숨처럼
사랑했는지도 모릅니다
그녀의 인자한 미소와 아름다운 한복 자태는
어린 시절의 나를 매료시켜 어른으로 살아갈
품위의 잣대가 되어주셨지요
그녀의 모습이 찍힌 우표가 발행되면
난 그 우표를 사려고
작은 읍내 우체국으로 득달같이 달렸어요
내 우표첩은 그녀로 인해 만들어졌고
그녀로 인해 첩첩이 늘어났고
그녀의 미소로 가득 채워졌어요
우울한 날이면 우표집을 열어
그녀의 미소 같은 내 미래를 꿈꾸곤 했더랍니다
그녀가, 예쁜 그녀가
내 일생의 푯대 같았던 그녀가
총소리와 함께 쓰러지던 날
내 심장도 쓰러졌어요 내 영혼도 주저앉아요
내 유년의 때부터 청소년의 때까지
나를 지켜보고 내가 올려다보던 그녀는
아직 내 심장 언저리에 대못으로 만든 액자 속에 박혀있죠
그것이 가스라이팅이었다해도
우표를 사서 우표첩에 꽂았던 그 순간을 사랑하죠

2.
작고 깡마른 아저씨는
어딜 가든 크고 작은 액자에 담겨
나를 내려다보고 있었어요
문득 눈이 마주치면 멈칫 무서웠던 아저씨
그 아저씨는 그 시절 귀하디귀한 텔레비전 뉴스를
볼 때마다 자물쇠를 여는 열쇠처럼 나타났어요
그 옆에 저 예쁜 우표 속 여인이 있었죠
학교 교실에도 급훈 옆에 딱 붙어 계셨고
면사무소에도 경찰서에도
우체국에도 그 아저씬 액자 속에서
누구든지 내려다보고 계셨어요
액자 속 아저씨를 사람들은 대통령이라 불렀죠
대통령의 말이 법이었던 시절이었어요
내가 다녔던 국민학교에선
한가지씩 구기운동을 하라고 지시가 내려왔다면서
핸드볼 선수를 뽑는다더니 덥썩 날 뽑았어요
그때 다친 허리 때문에 평생 고생하고 있죠
액자 속 아저씨는 가난한 국민을 잘살게 하려고
경제개발 5개년 계획을 세워
경부고속도로를 놓아 수출에 만전을 기한다고
아침마다 6시에 온 동네를 시끄러운 스피커로 깨워서
일을 하게 만들었어요. 난 작은 욕을 하면서
깨우기 싫은 아침과 일어나야 했죠

농촌새마을 운동이란 이름으로
아침마다 깨워대는 통에 아저씨 사진이 급훈옆에서
언제 떨어져 나가냐고 선생님에 물었더니
싯누런 이빨을 드러내며 껄껄 웃으셨어요

새벽종이 울렸네 새 아침이 밝았네
너도나도 일어나 새마을을 가꾸세
살기 좋은 내 마을 우리 손으로 가꾸세

이 노래에 맞춰 남녀노소 따로 없이
일제히 일터로 학교로 바쁘게 움직였어요
울력이 있어 집집마다 공공근로로
도수로를 만들고 농경정리 같은 일을 하고 나면
품삯으로 미국에서 적선해 준 포대 밀가루를 주었어요
우리집 곡간에는 밀가루가 여나무포대씩 쌓였어요
할머닌 그 밀가루로 팥죽을 쑤셨어요
가마솥 한가득 우리식구 한끼가 끓어 넘쳤고
이웃과 나누고 식구들이 포식하고 부른 배를
재미 삼아 두들기면 승리의 북소리가 났어요
할머니 기분이 좋으신 날엔
함지박에 밀가루 한가득 담아내서
막걸리를 휘휘 부어 반죽해서
아랫목에 이불로 덮어 두셨어요
글쎄 이불이 들썩일 정도로 반죽이 부풀어 올랐어요
굵은 강낭콩을 넣어 빵을 쪄내면
그 맛이 어떨 것 같아요?

그 빵을 먹는 날은 하늘은 유난히 높았고
땅은 기름져 보였더랍니다
지금도 그 맛이 그리워 팥죽을 즐겨 먹고
여행길에 부풀이 빵을 사 먹곤 해요
그 밀가루에 든 방부제로 나의 육신은 썩지 않을지도 몰라요
그래서 화장을 시키는 건지도…

학교에선 계절 따라 꽃길을 만들라면서
마을에 학교 가는 길에 코스모스 씨앗을 뿌리게 했어요
칸나도 심었어요. 사루비아 씨앗도 뿌렸지요
코스모스는 가을을 화려하게 수 놓았고
칸나와 사루비아는 여름날을 뜨겁게 불태웠죠
가을에 코스모스꽃을 보면 즐겁긴 했지만
강제노동에 시달린 느낌이라서 전
어른이 되어서 꽃씨를 심지 않아요

게으를 틈 없이 잔디 씨를 훑어서 학교로 가져갔고
송충이도 열심히 잡아가고
쥐도 잡아서 쥐꼬리를 잘라 가져가고
퇴비 만든다고 풀도 베어서 20키로씩 가져갔어요
농사철에 강제로 봉사활동이라고 동원되어
남의 논에 기서 보리를 베고 벼를 베어야 했죠
아마도 이사장님과 교장선생님과 친한
지역 유지의 논이었을거라 생각하면
지금도 오장이 뒤집어져요

어느 날부터 교문 앞에서

가슴에 손을 얹어 국기에 대한 경례도 했죠
어른이 되어서도 국기만 보면
나도 모르게 가슴에 손이 올라가네요
새마을 운동은 사람들을 부지런하게 만들었고
너도나도 열심히 일하게 했고
어른들은 마을을 개량하라는 명령을 받고
초가지붕은 스레트지붕으로 개량했어요
스레트가 석면으로 만들어져
암을 유발했다는데 스레트에 돼지고기 구워 먹은
동네 아제들이 암으로 돌아가신 것 같아요

대문에도 색을 입히고 담벼락도 색을 입혔죠
국도와 가까운 마을은 알록달록 변신을 했어요
새마을 운동은 농촌을 활발하게 했죠
쌀 종자를 개량해서 조생종이 생기고
쌀 수확이 늘어났지만 액자속 아저씨는
쌀밥을 못 먹게 했죠.
보리쌀과 섞어라 잡곡과 섞어 먹어라
도시락 검사를 할 때면 난 액자 속 아저씨는
뭘 먹고 사나 꼭 확인해 보고 싶었어요

경제개발로 인해 부산으로 마산으로
보이던 가시나들이 돈 벌러 떠났어요
우리동네 부잣집에서 식모 살던
순자언니도 미숙언니도 복님이도
모두 도시로 가고

동네가 텅 비어가고
농사일을 모르던 부잣집 어른들도
들녘에서 마주칠 때가 많아졌어요
머슴 살던 막동씨 가족도 도시로 갔어요
마을은 농사지을 사람 없다는 푸념이 시작되었죠
중3 때쯤이었던 것 같아요
고1 여름방학 때 면 대표로
4H클럽 농촌지도자 2주간 교육에 참여도 했더랍니다
통조림 만드는 법과 작고 귀여운 경운기 운전과
자동차 운전을 배워서 학교 운동장에서 차를 운전하고 다녔었네요
그렇게 어른을 향해 줄달음질 칠 즈음에
대학생들의 데모가 빈번해졌어요
액자 속 아저씨가 뭘 잘못했는지 물러가란 뜻이었어요

액자 속 아저씨가 나한테 한 잘못은
방부제 겁나 든 밀가루를 많이 먹게 한 것고
쌀밥을 못 먹게 한 것고
억지로 강제 노동을 봉사란 그럴싸한 이름을 붙여
철마다 시켰던 것인데
그것뿐이었나……

공장으로 일 하러 간 언니들 오빠들 친구들이
너무 부당한 대우를 받고 노동착취를 당한다고 하대요
그때부터였던 거 같네요
뉴스도 정신 차려보고

선생님 보시는 신문도 촘촘히 읽으면서
민주주의와 우리 정치사와
역사에 관심을 갖게 된 게 말이에요
학생들과 젊은이들이 참 많이 다치고
잡혀가고 고문당해 죽었다는
흉흉한 소문이 나돌았어요
어른들은 쉬쉬하면서 사진 속 아저씨에 대한
험담을 하면 쥐도 새도 모르게 끌려가
온데간데없이 죽는다고 하셨죠
우린 그저 끔벅끔벅 눈만 뜨고
소경인 채 벙어리인 채 살았어요

학생들이 데모를 하면 종북 간첩 좌익으로
올가미를 씌워 꽃다운 청춘들을 쓰러뜨렸죠
아팠고 슬펐고 비분에 떨면서 무언가
잘못되고 있다는 것을 분명히 알았어요
가만히 생각하고 앞뒤 역사를 맞춰보니
종북이나 빨갱이나 좌익이란 단어를 팔아
정치의 연장을 사고 권력을 사는
정치놀음이라는 생각이 들더만요
말하면 잡혀간대서 혼자 생각한거예요

많이 잘못되었다 생각하는 와중에도
난 액자 속 까맣고 작은 아저씨 옆에서
다소곳이 우아하게 웃는 그녀를
바라보면서 꿀꺽꿀꺽하고픈 말을 삼켰더랍니다

어른들은 전쟁과 이념의 이데올로기로 인한
잔혹한 폐해와 불개미 떼처럼 몰려든
가난의 허기짐을 벗게 된 게 액자 속
아저씨 덕분이라 했어요
내가 생각해도 그런 것 같았어요
가난한 나라 헐벗은 나라를 세계 안으로 밀어 올린
막강한 힘을 과시한 거 맞다고 생각해요 지금도.

두 번째 총성이 들리고 난 후
항상 나를 내려다보던 액자는
어느 날 주인을 바꾸어 내려다보고 있대요
슬펐죠. 어여쁘고 우아한 분이 떠났을 때와는
묘하게 비릿한 아픔이 목까지 차올랐어요
조금만 더 일찍 내려놓았다면
얼마나 존경받는 아저씨가 되셨을까
못내 아쉬움이 서리처럼 새하얗게
내 맘을 시리게 했답니다
대한민국의 근대사 온통 홀로 꾸렸던
액자 속 아저씨 안녕!
다시는 아저씨 같은 사람 만나지 않길 원해요.

3.
아! 공주 같은 공주 아닌 공주님!
어릴 때부터 3남매는 종종 티비에 자주 나왔어요
맏딸은 아빠 반 엄마 반을 닮아
영리하게 생겼었죠

어느덧 숙녀가 된 그녀는 우아한 어머니 대역을 맡았죠
빼어나게 예쁜 덴 없어도
강단 있고 기품 있어 보였어요
부모님을 잃고 청와대를 떠나던 날
콧등이 시큰거리고 가슴 안쪽이 시리면서
시고 아린 눈물이 났답니다
나만 그랬을까요. 아니 액자 속 그분으로 인해
배곯지 않고 집도 한 칸 장만하고
사람답게 살게 된 사람이라면
모두 나 같은 마음이지 싶어요

세월의 강이 흘렀어요
얼마나 흘렀을까 공주가 정치판으로
머리를 내밀고 뱀장어처럼 나왔어요
잊혀지나 싶었던 공주가 거의 잊혀졌나 싶었던

공주가 나타나자 사람들은 반가움에 싹싹한 인사를 했죠
액자 속에서 이십 년간 내려다보며
간섭하는 듯 감시하는 듯 두려움을 주었지만
배부름도 함께 주고 공부도 할 수 있게 해주고
가난한 살림살이를 훌쩍 벗어나
넉넉한 살림으로 펴게 해준 액자 속 아저씨에 대해
반인반신처럼 우러른 사람들과
우아하게 곁을 지켰던 자태 곱던 여인에 대한
그리움의 향수가 봇물처럼 사람들 가슴에서 터져났나 봐요

그땐 몰랐어요 그녀의 배후에

그녀를 최고의 권력자를 만들어
자신들의 야욕을 채울 준비가 되어있는
검은 손들이 있었다는 것을요
자그마한 아이로 기억되고
퍼스트레이디 역할을 했고
처참하게 슬프게 떠났던 비탄의 공주가 돌아오자
탄식과 한숨과 연민과 아버지 대통령과 영부인의 추억이
뒤엉켜 이성을 상실할 만큼 성대한 맞이식을 가졌지요
그런 그녀가 대통령에 출마 했어요
대한민국 최초 여성 대통령으로 출마한
공주에 대해 의견은 분분했죠
그녀가 대통령 되면 큰일 난다는 의견이 많았어요
세금이 너무 비싸져서 젊은이들 살 수 없는
나라가 된다는 거였죠
그리고 민심과 너무 동떨어진 불통의 정치를
할 게 뻔하다는 거였어요
본인은 정작 결혼도 하지 않아서 세상 물정을 모를 텐데
어찌 국민의 마음을 국민의 살림을 헤아릴 수 있겠냐는 의견이 참 많았지요
고민이 많은 의중에 대구에 사는
동생을 만났을 때 우린 의견을 통일했어요

아는 것이 정치밖에 더 있겠나?
즈그 아부지 따라댕김서 오죽 잘 배웠겠나

그래 기대해보자 아버지 잘했던 것과
아버지 잘하지 못했던 것만 추려해도

본전은 하지 않겠나?
캔맥주 하나 마시면서 의기투합한
나는 망설임 없이 공주를 향하여
희망의 화살을 쏘아 올렸네요
그런데 취임식에 오방색 주머니가 나오는 걸 보고
너무 종교색이 짙어 내심 걱정을 시작하며 지켜봐야 했어요
오방색은 특이한 종교가 아니면 평범한 곳에서 사용하는 걸 못 봐서 말이에요

2013년 - 소통 불통, 문고리 3인방, - 걱정하는 지인들의 말을 안주로 들어야 했고
2014년 - 세월호 사고와 더불어 수면 위로 부상한 성형시술, 태반주사, 백옥주사, 계피주사
2015년 - 여전한 불통의지, 문고리 3인방. 소통 철벽같았던 청와대
2016년 - 이러저러 시끄러운가 싶더니만 국민들은 거품물고 쓰러지게 한 아줌마 최순실 등장

광화문 광장에 사람들이 모여들었어요
저마다 희망을 촛불에 담아 불을 켜 들었죠
아이 엄마 아빠 손에 손을 잡고 많은 사람들이 광장을 향했어요
아름다웠죠. 역사의 물결은 유난히 반짝이는 시기가 있나 봐요
바로 2016년 겨울은 냉혹한 추위도 사람들을 멈추게 하는 데 힘을 쓰지 못 했어요
촛불은 질서정연했고 넉넉한 배려와

깊은 인내와 서로 마주 보며 인색하지 않게 웃어주는 선함이
연결고리를 형성하면서 끈끈하고 끈질기게 지켜냈던 희망을 싹틔웠죠
함성은 곧았고 옳음은 뭉쳤어요
광화문 광장은 대한민국 역사를 바꾸는
참으로 장한 일기를 쓰고 있었어요

공주는 마리 앙뜨와네뜨처럼 헌법의 단두대에 올랐죠
촛불이 그녀를 거기로 끌어갔어요
공주에 대한 단상이 멈춰 섰어요
아팠던 공주의 가족들에 대한 이야기는 역사책에 기록될 테고
나의 일기는 여기서 멈췄답니다.

5부
인생을 한마디로

인생을 한마디로

문자가 만들어지고
기록이 남겨지고
사람은 무엇이든 쓰고 또 쓴다
남겨지길 간절히 바라면서

학창 시절 배웠던
탄로가*는 나의 세상살이 중
인생에 대해 가장 짧고 명확하게 노래한 단시조로
기억의 서랍에 들어있다

[한 손에 막대 잡고 또 한 손에 가시 쥐고
늙는 길 가시로 막고 오는 백발 막대로 치렸더니
백발이 제 먼저 알고 지름길로 오더라]

수많은 패러디로 불려졌던 인생가를
내리는 빗소리에서 찾아 들으니

인생아 내 시절아 내 시절아
절로 명치 뜨겁고
절로 눈시울 빗소리로 차올라
눈물인지 빗물인지…

* 탄로가 : 우탁 1263~1343

방하착 착득거

법정스님이 그러셨지
공수래공수거라고
빈손으로 왔다가
빈손으로 가는 거라고

그치만 잘 생각해 봐
그게 가당키나 해?
옷 한 벌은 건졌다고
떼창하는 사람이 한둘이냐고

방하착 - 모든 걸 내려놓는다는 뜻이고
착득거 - 욕심껏 지닌다는 뜻이지

죽음이 공수래공수거 할 수 있어?
죽음이 방하착을 이룰 수 있어?

난 법정스님을 평생
시기할 판에 방하착이 되겠냐고

오죽하면
망각의 강으로 표멧을 시킬까

해서 난 완벽한 착득거로 나갈 판이지
지금껏 그래 왔고 말이야

착득거 하겠다는 내게 돌 팔매질할 사람?

한계령 가는 길

나서는 길에
질펀하게 웃음을 깔았다
우리 한계령으로 간다
가다 곁길로 샐 수도 있지만
한계령으로 갈 테다
추억은 들추지 않으면 낙엽처럼 소멸 되지
소멸 후는 소환이 거부되는 법

한여름을 질식케 하는
뜨거운 밤꽃의 교성으로
산속을 끓여내며 불러대는데
유유히 달려라 달려야만 한다

운명에 묶이길 염원하는
연인들을 위해 존재하는
고개 한계령은 녹음 위에서 한층 뜨겁다
진정한 사랑이 묶이려면
새하얀 폭설이 있어야만 할까

한계령이 부르면 만신처럼 내달려야 하리
신을 거부하지 못한 그녀들처럼
거침없이 정상에 서서 그를 불러야 하리
운명을 불러야 하리
끊어지지 않을 실타래를 풀어 운명을 묶어야 하리

장마를 맞으며

심한 가뭄이
기다리는 최애의 대상

마음 판이 쩍쩍 갈라져 보지 않은 자
눈물이 말라 진주를 빚을 수 없는 자
신의가 실종되어 버린 채
치닫는 결국의 관계성이 바라는 것

그리움이란
사람만이 갈구하는 명분이 아닌 것
차마 곁에 없어 푹 잠기지 못해
갈급하게 벌어져 버린 금단의 금

비가 내리면 더 내리면
조금 더 쌓이게 내리면
좀 더 조금만 더 범람하면
내 곁을 채워 세상을 덮어버리면
비로소 우리 하나 되어 세상을 누비리

군자란 낙화하다

잠들다 툭 소리에
화들짝 촉을 세운다
머리맡에 둔
핸드폰을 열자 빛이 탄생하고
툭 낙화한 군자란 꽃 한 송이 보이다

아침이 되기까지
한 송이
두 송이
세 송이
봄을 안고 장렬히 투신했다

나, 저리 낙화할 시간 있으리
아름다우리라 맹세하나
지킬 수 있으려나

목련 지고
벚꽃 꽃비로 휘날리는 봄날 밤
찬연한 낙화를
천천히 결코 느리지 않을
계획을 느린 봄 창가에 놓다

꽃범의 꼬리

꽃범과 마주쳤다
꼬리를 바짝 바람에 세운 그녀가
눈길, 발길을 세운다
꽃말이 청춘, 추억, 젊은 날의 회상이라 했지
꼬리 흔드는 범이 이토록 고왔을까
이름이 이다지도 어여쁘니 말이다
청춘을 지나면
추억은 바래지고 연한 수채화처럼
회상화가 남는 법
기억은 새초롬해지지만
꽃범의 꼬리처럼 바람결 따라
일어나는 풍경이 다르지
꽃범의 꼬리가 아홉 개로 보이는 아침에
육십 년 회상의 젊은 날을 만났다

어느 봄날의 일상

멍하니 천정을 응시한다 맥빠진 눈
발이 시리다
비가 내리는 까닭이다
이불은 아직 겨울을 추억하고
몸뚱아리도 겨울의 기억 속에 묶였다
화들짝 눈을 떴던 꽃들의 안위가 걱정되어
길을 나선다

오매
흐미
꽃 질라 걱정은 기우였네 그려

가랑비에 속옷 젖을성 싶을만치
종일 내리는 빗속에 꽃들의 자태
창창하기만 하더라고
강둑의 개나리군단좀 보소
주욱쭉 뻗어낸 자태에
노란 손수건을 흔들어 주면서
마냥 반겨주는구만 잉

아따매 저기 저기 매화 아닌가벼
매화로구나 매화여 달려가 보니
조랑조랑 청매실 품어 안을
꿈꾸는 매화나무가

매화꽃의 진수를 보여주는 것이 아니것는가
환희스럽구먼 눈이 휘번덕 뒤집어지고 말았어
매화밭 뒷산으로 눈이 닿자마자
진달래가 서로 비비고 난리치는 통에
연애사 가릴깝시 얼렁 눈 돌렸소

벚꽃 개화가 상륙했다든디
도자공원으로 가볼꺼나
빗속의 꽃굿판에 덩실덩실
벚꽃 절정에 이르니 힘이 탁 놓이고
뛰던 가슴팍이 흠씬 꽃물 들어분거 아니것소
벚나무 아래 비사 내리든가 말든가
발 쭉 뻗고 누워부럿소

봄날은 가고
또 오는 봄을 맞는다는 보장이 없응께
펄쩍 뛰고 껴안고 보듬고
한 판 놀아봐야 하지 않것소

봄밤의 밀어

아이들이 순하게
별을 따고 달을 따고
해를 따서 우주를 짓는
그 교정에 하얀 웃음꾼들이 모여들었다
봄이 가부좌를 틀고 앉아
산란의 몸짓을 시작하자
천지사방 간에
대지가 꽃 몸을 밀어 올렸다

봄밤
삼월 끄트머리 밤은
차마 목숨 아까워
떠나지 못하고 자리에 눕고 마는 님
신열을 떨치고 일어서지 못해
진홍빛 희디흰 체액을 흘려내
목숨 태우는 시간
이 밤, 삼월 끄트머리 밤은
산고의 신음으로 몸부림한다
쏟아지는 유성을 받아
은하의 감춰진 비밀을 먹고 태동한다

봄밤의 꿈은
범접하지 못할 호화로운 침상
정복의 정찬을 즐기며
정복당할 끝사랑인체
혼신의 불사름을 준비하는
계절의 조산원이다

삼월의 끄트머리 밤에 잠들 수 없는 이유다

밤과 잠 사이에

초침이 걷는 걸음은 일정을 통해
불안의 정서를 창조하고
시간의 간격을 통해 생을 조율한다
세상은 반대편으로 성을 쌓고
세상 밖은 태양을 띄우려 귀를 세운다

밤과 잠의 평행선을 이탈하는 이성
초침은 시계의 육체를 벗어나
경직된 고독의 심연으로 거꾸러지기 일쑤
지독한 열애의 기회를 엿보다
포기를 모르는 긴 헛바늘로 밤을 훑는다

빙빙 양떼가 울타리 넘어 외치고
양 한 마리 양 두 마리 양 세 마리…
누군가 양을 정리해 가는 달큰한 길목
뿌듯하게 기어오르는 삶의 벌레들이
여기저기 널브러져 초침 안에 고치를 튼다

―책을 보다 읽다 뒤적이다
돋보기를 썼다 벗었다
베개를 끌어안았다 놓았다
극심한
불청객
더욱더
청초한
항변
체념한
속절없이

이런 단어들이 불쑥 다녀갔다 ―

사나사 와불 되어

2018년 3월 마지막 날
초등 6학년 손녀딸 봉긋 솟는 젖망울처럼
목련 꽃망울이 입술을 벙긋거리는 날
봄마중 드라이브를 나서는 시인들의
시샘을 퍼 올리려 다시 없을 푸근한 봄볕이 끌어간다

부산스럽게 몸을 일으키는 봄풀 사이로
보랏빛 낯색으로 봄바람에 몸 깨우는 제비꽃
수수한 자태로 무르익은 산수유
노란 손수건을 흔들며 대지를 점령하는
개나리 군단의 봄바람 군무
산골짝 골짜기 능선을 연분홍빛으로 채우며
사랑의 연서를 쓰기에 여념 없는 진달래
천년을 멈추지 않은 사나사를 향한 저 발걸음 소리들

사나사 경내는 거룩하고
사나사 계곡의 물소리는 대웅전에 앉았다
잠시 나, 와불이 되어 사나사 계곡에 눕다
그대들은 언제부터 이곳을 흠모하다 이제 도달한 것인가
사나사의 역사 어디쯤을 기억하고 또 찾아왔나
숲의 나무들과 인연의 길이는 아직도 남았는가
이 바윗돌에 누운 나와는 첫 만남인가
그대가 기억한 보우와 정도전 달심은 어땠나

무심한 듯 흐르나 그리움을 품었고
찰나 지나는 시간은 천년을 휘감은 질긴
인연의 길임을 와불로 누워 깨달음이니
사나사 풍경소리 진하고
흰소를 탄 동자가 피리 불어
중생을 깨우는 미륵의 현현이여
사나사가 베풀어 준 봄의 정찬에 초대해 준 기연이여!

계란말이

내 인생의 숙제 하나
제대로 된 계란말이 해놓고 흐뭇해하는 것

계란을 여섯개 깨트려
양파를 다져 넣고 쪽파를 다져넣고
쏘세지를 다져 넣고 슴슴하게 소금 두어 꼬집을 넣고
이집트사를 공부한 후부터 후추에 미친지라
좀 과하다 싶게 솔솔과 듬뿍 중간쯤으로 뿌려댄 후
휘휘 휘휘 저어 섞는다

후라이팬을 달군다 제대로 된 계란말이를 하려면
필수의 값으로 후라이팬에 열이 올라줘야 한다
계란말이는 쉬운 것 같지만 어렵고
간을 잘 맞춘 것 같은데 너무 싱겁거나 터무니없이 짤 때가 많다 내 계란말이 밑바닥 실력의 진수를 고백 중이다

이십 대와 삼십 대의 내 가슴은
계란말이를 위해 잘 달궈진 후라이팬처럼 늘 뜨거웠다
거침없이 증오와 미움으로 누군가를 말아버리기에
너무 적당한 온도를 유지하고 있었다.
인생의 골목길을 멀리 돌아 나온 것 같은데 삼십 대 조반쯤에 거침없이 각색 증오를 섞어 계란말이처럼 말아 먹어 치워 버렸던 그녀가 은백색의 찬란함으로 여물고 익어 내 가는 골목길에서 불쑥 모습을 드러냈다 웃음의 흔적이 사라지고

팽팽이 활 시위처럼 근육이 당겨지는데 날 마주한 그녀가 웃을 찰나 고개를 돌렸다

  씨발 곱게도 쳐 늙었군. 저 물건은 여전히 거짓말을 입에 달고 살까. 자신의 이익을 위해서라면 거침없는 험담과 음해를 쉬지 않는 현재진행형일까 그날 오후부터 삼십 대에 꽁꽁 말아두었던 증오가 스멀스멀 기어 나와 무당벌레가 되기도 하고 노린재가 되어 주변을 기어다닌다. 예전엔 살모사였고 독지네였는데 누그러지긴 했나보다는 자조의 쓴웃음이 자꾸 비릿해서 침을 뱉게 된다

  후라이팬 위에서 계란을 말 차례다
  공력을 들여 곱게 말면서 이제 삼십 대 말았던 증오의 계란말이를 풀어버릴 때라고 그래야할 때가 되었다는 생각까지 넣어 살살 조심스럽게 말았다
  오늘 아침 내가 만든 계란말이는 어떤 맛일까
  크나큰 사랑에 증오가 삼켜졌을까
  이제 계란말이를 맛봐야 할 때!!

건강검진 받던 날 · 1

대한민국 좋은 나라
내 건강관리 끝내주게 해준다
건강검진 받으라는
관리문자의 성화에 못 이겨
건강검진 받던 날

- 노화로 생긴 주름이에요

엉?
위에도 노화로 주름이 지나요?

그럼요 껍데기나 속이나 노화는 같이 오죠
그런데 아주 조금이구요
너무 관리 잘해서 핑크핑크해요

우엑 욱 하면서
2분간 위 내시경을 한 사진을
컴퓨터 화면으로 띄워 놓고
십이지장 핑크핑크
오 여기도 핑크핑크

위 역류성 앓았던 적이 있으셨지만
지금은 괜찮네요
어떻게 이렇게 관리를 잘했냐며
젊은 여의사가 탄복한다

58년 역사에 이만한 핑크핑크라니
내 위대함은 핑크핑크의 역사를 쓰다

건강검진 받던 날 · 2

브래지어를 벗고 나면
시원함과 허전함이 교차한다
탈의실에서 탈의하면서
젖무덤을 만져 본다
무사 하자 프리즈

엑스레이 앞에 선다
요리조리 자세를 바꾸어
내 젖무덤을 인정사정 볼 것 없이
잡아당기고 쭈욱 늘여서
아마무시한 기계가 누르고
방사선으로 찍는다

의사 앞에 앉았다
현대의 최고 권력자다
내가 중병인이라도 된 듯 겸손해진다
컴퓨터 화면에 내 젖무덤이 활짝 떠오른다

아
내 젖무덤 이쁘다
꼭지는 선명하게 살아있다
유선이 거미줄처럼 아련하다

와우 내 젖무덤 참 아름답네요

의사가 날 쳐다본다

내 젖꼭지 완죤 살아있네 살아있어
연거푸 절찬하는 날 보면서

관리를 참 잘하셨네요
완전 핑크핑크 하시네요

관리한 적 없는데 ─음 ─ 손 안 탄 거? ─
돌아서 나오는데
봉긋한 젖무덤을 58년 만에 처음 느껴본다
탈의실에서 브래지어를 착용하며
내 젖무덤을 쓸며 흐뭇했던 날

까면 더 예뻐요

이쁜 처자가 생판 첨보는 사람의 결혼식에 간다고
있는 옷 중 탈탈 털어 몸을 꾸미고 나섰다
그녀는 언뜻 늘씬한 느티나무를 닮은 듯하고
둥그마한 접시꽃을 닮은 듯도 하다
밝고 명랑한 처자는 치자꽃 향기를 발하며
크게 웃고 크게 말하곤 한다
잘 밀어서 떼어 넣은 반죽을 팔팔 끓여낸 수제비
한 사발 앞에서 그녀는 동그란 조개처럼 흡족하다
수제비 사발을 놓는 주인이 일행을 향해 어디 가세요? 묻자
뜬금없이 "까면 더 예뻐요" 서슴치 않고 겉옷을 제끼는
처자의 알몸이 싱그러울 거란 그림이 펼쳐진다
그래 저만 때가 내게 있었지 아니 있었던가.
정말 저만 때를 지나쳐 오기나 한 걸까
알몸을 씻어내다 문득 거울에 비춰진 내 나신이
아른거리며 능수버들 녹엽처럼 파릇한 처자의 물기가
생전 첨으로 부럽다

낙화

꽃이 진다고 울터이냐
꽃이 떨어진다고 슬픈 터이냐

이내 꽃은 지고
시절 따라 다시 피나니
붉은 심장으로 다시 오나니

추억이 묻힌다고 잃은 것이더냐
유년 청년 장년을 지나
노년이 없다고 탄식할 터이냐

잃은 것은 언젠가 다시 서고
해 아래 새것 없이 오고 가는 것
오니라 가니라 망각의 강 넘어 너머로

세상만사가 합일점을 찾나니
세상 근심이 합일점 하려니.

평택호에서

함께 한 방향을 향해
두 시선이 하나로 합쳐지는 지점
저기 한 가운데 우리가 머무를 성지가 있지
그곳, 망망은 순결로 순항을 돕고
손바닥의 실금처럼 운명을 조각할 서재
망망을 파도로 엮고 엮어 작품을 쓰고
그곳, 우리가 다스릴 영지에서
기적 같은 연출로 새로운 일출과 일몰을 창조해야지
거기 깃대를 꽂고
너와 나 세상의 중심을 다시 세워야겠지
곧

나비 죽다 나비 살다

저 장렬한 죽음 앞에 무릎 꿇라
작고 파리한 날개를 간수하려
무릎 쓴 두려움이 얼마랴
숱한 위험을 물리치고
전사한 나비 나라 나비여
결국 여행의 끝을 알고서도
너와 나 생의 한 기수 깃발을 세우려
날갯짓 횟수를 하늘에 새기길 쉬지 않았지
오늘 찬연히 날았을 너의 날개 앞에
단하의 성심으로 고개 숙이나니
사후를 지나 생의 강물을 다시 마실 때
너 아름답거라 너 더 높이 날거라

섬진강에 왔어요

섬진강에 왔어요
산수유와 매화가
화음을 조율하며 합창을 하네요
굽이굽이 섬진강의 품은
고요하고 맑은 자태로
봄을 껴안았네요
강 위로 경상도
요 아래 건너로 전라도 평화롭네요
태곳적에 이 모습이었다네요
화개장터를 지나고 있어요
전라도사람 경상도 사람 똑같이 생겼네요
우리 이 모습으로 돌려주어야겠어요

지리산 자락 팬션에서
폭신한 휴식을 취하고
여주인이 대접하는
테라로사 커피에 맛있게 입술을 적셨네요
섬진강 줄기를 끼고 은밀하게 달려요
여기 터 잡고 사는 사람들 마음은
매화를 닮아 참 맑고 곧겠어요
JTBC 팬텀싱어 멋진 남성들이
묵직하고 고급진 목소리로 열창을 해요
아 참으로 듣기 좋군요

이렇게 섬진강과 매화와 하나가 됩니다
섬진강을 품은 산자락 자태가 심상치 않아요
비단 자락 흐르듯 고운 결이군요
섬진강에서 건져 올린 재첩국을
점심을 예약했는데 맛이 특별할까요
저기 박경리선생님 문학관이 보여요
길을 틀어서 문학관으로 들어갑니다
최참판댁에 들러 토지의 시대를
되새김질 해봐야겠네요

토지 박경리선생 문학관에 들렀어요
일생을 소박했던 여류작가님은
이곳에 여전히 살아계시네요
최참판댁에 들러 평사리를 내려다보니
히야 정체불명 김탄사가 절로 흘러나옵니다
서희가 왜 그토록 놓고 싶지 않았고
지키고 싶었는지를 알겠어요
아마도 최참판댁 사람들은
우리 가슴에 내 가슴에 영원히
살아있지 않을까요

최참판댁 문 앞에서 팽이도 돌려보고
굴렁쇠도 굴려보고 딱지치기도 해봤어요
그 시절에 머물러있던 마음이 불쑥 튀어나와

어찌나 즐겁게 놀던지요
다듬이질로 난타도 해보면서
매화꽃 아래 언제 이래 해보겠나 싶어
누리고 또 누렸네요
이게 아마도 문학관 초입에서 팔던
뻘덕주 덕분이지 싶은데
이름이 재미있어 한병 사서 갈무리하는데
인심 좋은 주모가 한 잔 주시대요
귀한 민물새비로 안주를 주길래
한잔 쭈욱 들이켰더니 이름값하대요
감성이 벌떡 일어나서
덕분에 문학관 기행 잘했지 뭐예요
참 깜빡할뻔했지 뭐예요
거시기도 뻘떡 일어난다 했어요 흐흐흐

다시 출발해서 섬진강을 끼고 달려요
여긴 참 따뜻하네요
남도의 숨결은 삼월을 이렇게나
따시게 적셔오네요 웃옷을 벗어도
차창을 열어 섬진강 숨결을 불러들여도
조금도 춥지 않아요 봄 봄 봄이에요

6시 내 고향 별미집으로 방영되었던
재첩 횟집에 들어왔어요
재첩회를 시켰더니 주인아주머니께서
하동에 오면 참게 가리장국을 무야한다케서

참게가리장국하고 재첩회를 시키고 기다리고 있네요
참게가리장국은 참말로 맛나네요
입에 좌악 감겨드는 맛이 일품이군요

강 건너가 전라도 광양 매실마을이에요
건너편에서 바라다보이는 풍경은
그야말로 별천지로군요
저기까지 가려면 사람이 가득해서
시간이 걸릴 테지만 밤새 달려온
목적지이니 꼭 가야겠어요

매화마을 입구까지 차량들이
장관을 이루고 있어요
입구에 차를 놓고 우린 봄타령을
흥얼대며 매화마을을 향해 걷습니다
사람이 꽃인 듯 매화가 사람인 듯
사람도 꽃으로 섞여 실로 눈부신 풍경이군요

삼사십 분은 족히 걸어야
초입 주차장까지 갈 수 있거든요
해 저물녘 매화는 더욱 향기롭게
사람을 유혹하고 사람들은 지치지 않고
매화마을로 들어오는군요

섬진강은 이 세상에서
나고 자란 그 어떤 사람보다

앞서 흘렀고 떠나가는 사람들을
작별하고 새 사람을 맞으면서
변함없이 흘러요
나는 떠나도 이렇게 흐를거에요
잠시 나그네로 소풍 나온 나를 반겨준 섬진강 안녕

봄이 점령한 남도
봄을 껴안은 남도의 풍경은
섬진강의 비경을 빚고 있었어요
봄 봄 봄. 아름다운 봄날이었어요. 결코 잊지 못할.

세컨드와 첩의 사이

한 여자가 두 아이를 버리고
남편을 버리고 노모를 버리고
집을 나갔다
사랑을 찾아서라고
당당히 말하면서

여자의 집 앞까지 쫓아다니며
징징대던 그 남자는 아내를 사별하고
아내감을 사냥하던 중 이 여자를 발견했다
이 여잔 저 남자가 나 없으면 죽는다고
죽어 버릴 거라고 해서
저 낳은 새끼도 버릴 수 있다고 했다
죽고 못 산다던 두 사람 지금쯤은?

사내아이를 낳고
이혼한 여자가 있었다
가정을 가진 한 남자는
이 여자를 사랑한답시고
아내와 자식 둘을 버리고
딴 살림을 차렸다
그것도 한 동네에서 호적은 그냥 둔 채로

이 여자에게선 금방 세컨드 냄새가 난다
아주 진하게 아주 쉽게
보는 이들은 금방 알아차렸다
쟤 첩이구나 첩년이구나
이 남잔 이성을 저당 잡힌
올가미와 덫에 걸린 듯 보였지만
올가미와 덫이
행복하다고 비명을 질러댔다
꼴사나운 풍경화, 인물화가 그려졌다

한 남자가 일곱 살 많은
여자에게 기댔다
연상의 여잔 이 남자가
물 인양 스폰지 처럼 흡수했다
물처럼 여자에게 흡수된 남자는
노모와 자식들을
조강지처에게 맡긴 채
그 여자에게 온갖 충성을 다했다
자식들은 출가했고
노모는 정성껏 모셔졌고
마지막 유언으로
너 같은 며느리를 두어 행복했다며
눈을 감았다

연상녀의 물기가 말랐을까
남자의 물기가 마른것일까
돌아오겠다는 전갈을 보내왔다
여잔 담담히 무심히 던졌다
송장 치울 일 있나
그 늙은 첩년 송장이나 치우시오

정물화로 사람을 그리면
그지없이 근사하지만
입체화를 그리기 시작하면
내부구조 도면이 드러난다
열 길 물속보다 더 미지라던
한 길 사람 속이 훤하다

사랑의 완성이 없을 바엔
일처다부제 일부다처제
허용하는 게 합리적이지 않을까
일처다부제 해보고자퍼라

이 쌍노무새끼야

속내가 끓는 압력솥일 때
치미는 화
내뿜길 기다리고 줄 선 독기
압력솥이 칙칙폭폭 칙폭칙폭
열기를 내뿜기 시작하자마자

이 쌍노무 새끼야

아, 이렇게 시원할 수가
이 배설의 카타르시스의
절묘한 한 수라니!
모든 육두문자를 함축시켜
가장 비열한 한 방을 날리다

이 쌍노무 새끼야

사랑? 그거 개나 하라해라
이해? 그런 따위가 무슨 소용
배려? 웃기는 소리 작작 하시지

평화와 전쟁의 갈등의 골 사이
골짜기 이편 평화의 핵과
골짜기 저편 전쟁의 핵이
산산조각 깨박살을 향해
총뿌리를 겨누다 터진 입총

이 쌍노무 새끼야

화를 다독이고 독기를 빼내
들끓음을 잠재우고
평화로 전향하는 휴전의 관문
방귀 한방으로
몸 안의 가스를 방출시켜
정화시키는 의식 같은 것

이 쌍노무 새끼야
오!
고요로운 평화의 극치에 도달하다

긴급재난 공지

번쩍 날이 선 섬광이
서쪽에서 일을 시작하려나 보다
집가까이 가면 벼락이 치고
장대비 닮은 빗자욱이 성큼거리고
우리집 냥이는 어느 구석으로 숨어들게다
벼락이 마치 절 잡으러 오는
저승사자인줄 아나 보다

차암 세상 좋아져
국가가 긴급재난 공지를
각 개인 폰으로 발송한다
긴급 긴급 긴급 공지입니다
즉슨 비 조심하시오
물조심하시오
벼락 맞지 마시오
그중에 사람조심이
으뜸이니 사람조심하시오

이노무 세상 어찌 되려고
사람이 벼락보다 무섭고
물 재난 불 재난보다 무서운고
긴급긴급긴급 재난 공지입니다
옆 사람 조심하시오
앞 사람 조심하시오
뒷 사람 조심하시오

관념깨기 지극히 어리석은 또는 졸렬한

어느 해 국문과 세미나에서
잘 나가는 교수님 왈
귀신이 어딨냐며 성경에서 귀신이 없다 한다네
번쩍 손 들고 그게 아닌데요
귀신에 대해 가장 정확하게
알려주는 게 성경이고
그거 알려주다 예수가 당한건데요
했다가 학점 안 나올까 쎄빠지게 공부했다
귀신 덕 본 셈

강낭콩꽃보다 더 푸른~
아마도 대한민국 국민이면 알만한
논개를 빗댄 푸른 강낭콩꽃이 없다고
시적 표현 오류라고 논문 쓰신 교수님
본초강목에 강낭꽃이 흰꽃이라 했다나

에고 교수님 본초강목은 14세기 때 쓴 거고
논개 쓰셨던 변영로 시인님은
일제강점기에 아메리카와 아프리카에서
대거 유입된 강낭콩 종자 중에
달구개비 색깔로 피다가
자주빛으로 변하는 강낭콩 꽃을 보고 쓴거랑게요
아니 시인이 검은 꽃을 붉다 할 수도 있고
푸르다 할 수 있는 거지 뭘 시적 오류라고까지 결례를 범하시는지…

그 교수님 담담하게 강낭콩에 대해 피력하는
내 보기 싫어 문학모임에도 안 나오시고
박시인 님 부르던 호칭을 박여사로 바꾸었다
내 원 참~ 쪼다 같기는…
국어사전 30년 감수했노라
자랑질을 말던 지

다른 사람 시에 등장하는 뒤태가
국어사전에 없다고 쌩 난리 쳐대서
춘향가 사랑가 대목에 나오는데요
그리고 시집가서 아이 가지면 뒤태가 고우면 딸
뒤태가 두루뭉술하면 아들이라 안 캅 니 까
책상물림이란 소리 안 들으실라모
공부좀 하시소 했다가 벼락을 맞았다

살다 보면 똥구린내 나는
관념 개념으로 꽉찬 머리들, 가슴들에서
정의라고 소리지르는 소음들
징그럽게 목 핏대 세우며 소리침에
지쳐가고 말라가는 가슴패기들

유명 시인들이 교수로 가르치는 대학의
국문과에서 왜 스승을 능가하는
시인들이 나오지 못할까
국문과가 사망신고를 하는 현실의
책임을 누가 져야 할까

깰지어다 깰지어다
정의 같지 않은 정의들, 굳어버린 관념들이여

비상시국

인류의 전쟁이 시작되었다
인간이 붙여준 이름 코로나19와

페스트 천연두 스페인독감 싸스
신종인플루엔자 메르스
뒤를 이어 족보에 오른 코로나19

바이러스의 무기는
공포
불안
포비아
희생양
코흐트
서킷브레이크
팬데믹
경기 하락
사재기
국경 단절
블랙 먼데이
셧다운
가짜뉴스(인포데믹)
근거 없는 민간요법

둥
둥

코로나19는
이 생소하면서도
낯선 무기들을
무차별 휘두르며 진군을 멈추지 않는다
지구촌에 빨간불을 켜고
허둥거리게 만든다

인간은 구별을 짓는 데 특화되었다는
알베르 까뮈의 말처럼
서슴치 않고 서로와 서로를
포비아로 아낌없이 죽인다
바이러스의 승리는
현재진행형이다

비상한 사람들은 백신을 만들고
계산이 빠른 사람들은 백신을 팔 것이다
살고 싶은 욕망덩어리들은
백신을 먼저 맞으려는 자들과
백신을 불신해서 온갖 혐오와 협잡을 쉬지 않을 것이다

이래저래 비상시국이다.

코로나19와의 전쟁

어느 날 인류가 쓰러지는
꿈을 꾸었던 그날에
사람이 스치기만 해도 치명적인
죽음을 옮기는 바이러스는
당당하게 이름을 얻었다

그리고 인간들에게
번호를 매겼다
같은 종족임을 숫자로 표시하는
족보를 만들 듯

숱하게 기획하고 계획했던
음모의 시간들
저들에게서 숨을 빼앗으면
먹이사슬 꼭대기를 차지하리라

진격을 시작한 군대는
바람을 숙주삼아 종횡무진 거리를 누빈다
인간을 잡아라 인간을 정복하라
수만 년 꿈을 날갯짓하는 코로나19

습격을 당한 숫자로 바꾼 이름표
1 2 3 4 5 6 7 8 9…..152 259
690 2045 3023…

도망을 쳤다
언젠가 산소통을 메고
산소를 채취하러 다닐지도 모를
청정한 계곡으로 하루!

쫓는 바이러스
쫓기는 인간 —세상

어느 가을날

텃밭을 정리하다
낡은 옥수숫대
겉늙어 볼품없어진 상춧대
가뭄에 목말라
난장이가 된 고춧대
그 사이 비집고 들어선
무성한 잡초들
차근히 베어내고 정리하는데

옥수수대 상춧대는
순순하게 뽑혀 나온다
그사이에 터 잡아 기득권 주장하는
잡초가 어찌나 강하게 숨 내렸는지
옴싹딸싹을 않는다
있는 힘을 다해
힘껏 뽑아내니
저 뿌리의 함성을 보라

서로 부둥켜안고
땅속으로 땅속으로 힘껏
헤엄쳐 발길질하는 힘찬 몸짓을 보라
이 땅의 민초들이
저리도 단단하게
얽혀 이 땅을 숨 쉬게 했으리

잡초를 제거하려다
망연자실 넋을 놓고
가을을 누리라고 슬그머니
호미도 낫도 놓았다
나를 보는 듯하여
차마 눈길 둘 수 없어
청명한 쪽빛 하늘 아래
그냥 누워버렸다

사기충천에 사기죽다

검사는 잘생겼다
뚱뚱했다
우와 저 허리 좀 봐
인생의 오만가지 얽힌 사연의
실타래를 푸느라 독한 스트레스가
허리둘레에 거대한 성벽처럼 쌓였나보다

박하경씨 진술해 보세요
검사의 다짜고짜에 잠시 둥절했다가
일 년도 넘었는데 어떻게 그걸 외워요
경찰조사 때 정확히 자료를 제출했으니
그거 보시면 아시죠

아니 대질 심문할 때
준비해 와야죠
헐 돈 빌려주고 받지 못해서
골머리 아프고 정신 사나운데
그걸 어찌 외우냐구요
자료 미리 보고 조사하시는게
검사 소임 아녀요?

그제서야 그간의 진술서를
뒤적여 확인하는 검사님
박하경씨 맞습니까

네 빨리도 물어보시네요
왜 그랬습니까
빌려준 돈 돌려받으려고 또 빌려줬습니다
전형적인 사기에 말려든 케이스입니다

심정이 어떻습니까
미치겠어요
어떻게 해 줄까요
그냥 세상에서 저 여자가 입은
목사란 옷과 선교사란 옷을 홀딱 벗겨주세요
다신 보지 않게 해주세요
엄벌에 처해달란 말씀이죠?
햇빛 아래서 숨 못 쉬게 해주세요
대질심문을 마치고
돌아서 검찰청을 나오는데
6월의 폭염이 내 속내처럼 끓고 있었다
세상이 사기로 인해 사기가 충천하고
그로 인해 사기가 죽어가고 있었다

내 돈은 돌아오지 못할 강을 건넌 거지
돌아와 돌아와 못 들은 척 노 저어 가는 내 돈

낙타를 타면 더 많이 보인다 · 1
— 이집트 피라미드 앞에서

낙타에 오르자
2월이었음에도 4월의 바람이 불었다
낙타 등에 오르자 비로소
이집트 문명이 벌떡 일어서고
놀라운 문명의 신기루가 펼쳐졌다
미처 보지 못한 것들이
보이기 시작한 것은 얼결에
낙타를 탄 후였다

거대한 무덤들이 일제히 문을 박차고
수많은 고대인들을 토해낸다
기름진 나일강을 다스려
절대문명을 창조한
저들의 함성이 환각으로 펼쳐진다

낙타는 신기하게도
2월이었음에도 4월의 바람을 데려왔다
유리별을 쏟는 사하라를 넘고 넘어
4월의 바람이 불어 나일강에 닿으면
피라미드는 쌓아 올려지고
기름진 제국의 이름값을 위해
피땀 흘린 사람들의 치열한
함성이 들려났다

아! 얼마나 오래도록
이 문명 앞에 서서
그들의 신들이 끊임없이 탐했던
후추를 듬뿍 넣은 음식을 먹고 싶었던가

신들의 절대 게임에서
승자와 패자를 가르치는 역사

낙타를 타보라
낙타를 타면 비로소
사막의 생존방식이 살 속을 비집고
사막을 지배한 문명의 의지가
폐부를 뚫고 깊숙한 심장의
망치소리와 함께 울려나나니.

낙타를 타면 더 많이 보인다 · 2
— 이집트 스핑크스 앞에서

사자여
그대 얼마나 많은 길을 걸어
사막을 지배하러 왔는가
사막의 절대강자가 되어
거대하게 인간 위에 군림하는 그대여
수수께끼로 문명을 지배한
힘의 파수꾼이여

먹이사슬의 굴레에서
가장 꼭대기를 점했으나
결국 사람으로 인해
결국 신으로 인해
구경거리로 전락한 망각의 유산이여

그대가 구가했던 힘을 차지하기 위해
인간은 그대의 날개를 찾고
그대가 휘둘렀던 피의 검을 구하려고
달뜨는 사막을 헤맨다오
어딘가에 숨겼다는
저주를 풀려고 붉은 낙타에
안장을 없는 예언자들이 그댈 흠모하지

사자여
신으로 군림했던 얼굴이여
그대의 영광을 비추던
찬란했던 유리별들은
이제 사막 한 가운데로 떠나
말없이 회귀해 올 영화를 기다리는구려.

낙타를 타면 더 많이 보인다 · 3

— 이집트 시내산을 오르며

애써 낙타를 타지 않았다
베드윈족 한 소년이
낙타를 몰고 내 뒤를 따랐다
사막의 달빛은 신비스러웠고
오르는 돌길을 오르는
순례자들의 발길은 경건하다

낙타를 모는 소년은
아리랑을 불렀다
아리랑 아리랑 아라리요 아리랑 고개로 넘어간다
모세와 여호수아가
절대 신의 명령을 쫓아 올랐던 길
난 숨도 쉬지 않고
그 걸음을 쫓아갔다
낙타 한 마리 숨차게 날 따른다

이 산위에 무엇이 있어
굳이 산위로 불렀을까
아무것도 살 수 없을 것만 같은
바위투성이 산등성이
여기서 어떻게 낙타를 먹이고
양을 먹이고 살아가는 것일까

숨차게 오른 두 시간 여정
난 이집트 시내산 자락을 오르면서
낙타에게 아리랑을 가르쳤다
밀양아리랑
진도아리랑
정선아리랑
아리랑은 본시
남사고 선생의 격암유록에
절대 신이 있는 영계에 들어가는
방법을 알려 주는 예언의
한 자락이란 것을 말해주었다
모세를 시내산 꼭대기로 불러
알게 했던 곳, 천국이라 부르며
극락이라 이르는 곳.
그곳이 아리랑이 인도하는 종착역이라고

낙타를 타면 더 많이 보인다 · 4

— 요르단 페트라에서

붉은 사막을 건너
검푸른 사막에 펼쳐진 은하수를 지나면
이집트를 건너 요르단에 이른다네
절대 신에게 미움을 받은 두 사나이는
이곳에 절대왕국을 건설했다지
신의 노여움은 벼락같았지만
먼 훗날 반드시 망할 것을 예언했다네
신과 인간의 대결은 시작되었고
두 사나이는 의기투합으로
바위산 그 자체를 거대한 나라로 조각하고
절대 권력으로 군림했지
바로 사막을 지배하는 자들의 조상 이스마엘과 에돔이야
누군지 모르면 인류의 베스트셀러 성경을 읽으면 안다네
바로 실낙원의 후예들인데 이들은 강하고 또 강했지
그리고 페트라를 건설한 거야
절대 신은 많은 예언자들을 통해
아무리 뾰족한 바위틈에 숨어도
독수리를 보내 끄집어내고
누구도 살 수 없도록 폐허를 만들어
시랑과 뱀의 처소가 되게 하고
사람들의 구경거리가 되게 하겠다고 맹세했다네
복락원이 실낙원으로 바뀐 지 6천 년 만에
난 진짜 구경꾼이 되어 페트라에 갔다네
입이 쩍 벌어지고 으악 비명 같은 감탄사만 나올 뿐이었다네

붉은 바위성은 그대로 땅 아래로 묻혔다가
발견되어 아직도 발굴 작업이 계속되고 있다네
사람의 영리함과 대범함과 비범함과 지혜로움이
신들의 맹렬한 권력과 만난 곳
결국 절대신이 승리한 전장의 터전 페트라에서
길고 긴 한숨을 쉬었네
오. 페트라여
오. 절대문명도 절대권력도 철저하게 이용하며
지배하는 신의 계략이여! 힘이여!
절대 신의 박장대소가 독수리 날갯짓처럼 울려나는 곳
무궁무진한 페트라의 신비여.

6부
요양일지

요양일지를 시작하며

— 은혜로 합창합니다

어머니
올봄 꽃들은 노래했지요
당신들이 이 땅에서 얼마나
탐스럽게 아름다웠는지
당신들이 거름 되어
지켜낸 이 땅이 감사와
은혜의 씨실과 날실로
얼마나 곱게 물들였는지!

어머니 들어보세요
이 봄 이 땅에 생명을 펼친 꽃들이
어머니들의 은혜에 바치는
노래를 들어보세요
귀 기울여 보세요

아버지
꽃들을 피워내고 잎들을 소생시킨
푸른나무들이 노래하고 있어요
당신들이 얼마나 든든한
이 땅의 지팡이었는지!
당신들이 묵묵히 일군
이 땅의 결실들이
세계만방에 전설로
다듬이질 되고 있는 것을!

아버지 들어보세요
저 푸른 나무들이
산맥을 부르고 대지를 부르고
바다를 불러
아버지들의 꿋꿋함과
끈끈한 인내의 걸음으로 일구어낸
크나큰 힘과 지혜의 샘에 대해
노래하는 것을요

2018년 오월에
여기 계신 우리 모두의 아버지 어머니들이시여
우리는 당신들을 보듬어
천상의 노래를 부르고
당신들이 기름지게 농사지은
걸 지고 풍성한 인생의 예지를 잊지 않겠습니다
소중하게 당신들을
받들어 정성으로 섬겨드리겠습니다
진득하고 겸허한 사랑의 허리로 끈을 묶어
환하게 훤하게 긍휼로 안아 드리겠습니다.

요양일지 · 1

— 요양원 첫인상

나 그레이존이란 것을 처음으로 안 것 같다
글에서나 어렴풋했던 회색지대
온통 잿빛으로 덧칠된
짐승들이 한 우리 안에 거처를 두었다
언어로 봐선 종족의
갈래를 연구해 봐도 좋을
낯섦과 의문투성이 영역이다
짐승들은 부르짖기도 하고
배설물을 신기하듯 주무르며
무료한 아침과 오후가 간극 없이
이상한 나라를 건설하고
빛이 없는 어두운 태양은 주변을 어슬렁거리다
겨울 응달처럼 사위고 마는 풍경

이런 씨발
와~ 좆같네 진짜

마음에서 미래의 내 자화상이
펼쳐지는데 현란한 욕지거리로
씨불리는대로 처바른다
엠병할 —참말로 염병을 허네

새벽을 잃어버리고
침대 난간을 차대끼는 통에
부들부들 전신을 떨며
노구를 끌고 쫓아선 구십 넷의 노기가
염라대왕 수염처럼 쭈빗한데

씨바
이래 살 바엔 차라리 확 멸종이 낫지 않냐?
정신 줄을 챙겨 잡아
서둘러 노인복지학으로 편입을 서둘렀다

요양일지 · 2
― 시드는 꽃도 고와라

비로소 눈이 떠지고
마음이 넓이와 깊이가 헤량하고

할머니가 물으셨지
꽃이 이쁘냐
꽃이 이쁘냐
꽃중의 꽃은 인꽃이니라
꽃중의 꽃은 너니라
꽃중의 꽃은 너니라

이제사 할머니의 가르침이
무엇인 줄 알겠으니
할머니 시꽃 피우고 들어가시며
열매 맺으셨으니 나더라
나 또한 꽃 피우고 시들어 열매 맺더라

꽃 피면 꽃멀미 잎나면 잎멀미더니
시든 꽃을 가득 피운 정원에서
온통 시들어 가는 꽃들과 눈맞춤 하니
시든꽃 멀미 중에
그 오묘한 뜻을 깨닫겠으니...

요양일지 · 3

— 풍경

○○ 요양원 205호실
침대 하나 둘 셋 넷
확실한 영역표시가 번들거리는 방
목숨 살라 먹을 때까지
저 구역엔 누구라도 침입할 수 없다
채곡채곡 개껴 놓은 옷가지
정성껏 두 닢씩 잘라 접은 휴지 무더기
주인은 93세 명패를 달고
치매라는 번지수를 달고
어떤 년이 손수건 한 장을 훔쳐 갔다고
아주 나쁜년이라면서 이를 간다
가장 안쪽 침대를 차지한 주인

워따워따 고맙소
세월이 좋아 이렇게 닦아주고 옷도 입혀주제
고맙소, 감사합니다 우리 딸이 베지밀 사 왔는디
선생님들 한 개씩 드릴라고요
고맙습니다

집도 잃었다. 가족도 잃었다.
이제 남은 거라곤 옷가지 몇 개가 전 재산
영역표시가 확실한 빤스 서너 장
바지 몇 장, 티셔츠 몇 장
손자가 사 왔다는 절대 재산

흰색 바탕에 격자무늬 스웨터 한 장
알록한 색깔 조끼 두 벌
고운 손수건 한 장

또 뭐 있지? 서랍을 여는 순간
"이 도둑년아 또 뭣을 가져갈라고~?
너 잡을라고 몇 년을 기다렸어야~
이 됴독년아 내꺼 고운 수건 가져와야~

절대 지켜야 할 최후의 보루인 양
사명감 작렬하는 안구의 힘이 빛나는 순간

아 예~예~.
더 예쁜 수건으로 도둑질한 거 갚아드리러 왔어요
어때요 이쁘죠^^

그라요. 이쁘요 을매만에 찾았능가 몰것소
고맙소. 감사합니다

사는 게 뭐 별거 있더냐
욕 안 먹고 살면 그만이지~
유행가 가락 절로 나오고
그래그래 오늘도 시곗바늘처럼 가는 인생
불쌍히 긍휼히 여기지 않으면
이 인생들을 어쩌랴~어쩌랴

요양일지 · 4

— 떠나는 자의 비애

가는 눈발이 굵어질 무렵
한 사람이 가지 않으려 버팅기다 길을 떠났다
잘못했습니다
용서해 주세요
담낭암으로 노래진 전신을 어찌하지 못해
허공에 손을 뻗고 두려움으로 부르짖던
팔십 노안의 흐린 동공과
마른 볏짚 같은 외침을 내 가슴에 화인으로 남겼다
모진 목숨 줄이라더니 참 모질구나
얼마나 오랜 후에 재가 되어 흩어질까
그 부르짖음. 잘못했습니다. 용서해 주세요.

내 기도는 어디쯤 도달해서
어디서 어떤 모양으로
저 영혼을 손잡고 있을까

길은 누구에게나
공평하지 않고 그래선 안 되는 것
첫 바다와 사막을 건널 무렵이
같아서 안 되는 이유와
성운과 은하의 간격이
같아도 안 될 값으로 눈물 한 방울쯤 남겨져야
발자국이 아름다움으로
여물 수 있으려나 그러려나

2018년이 새 길을 닦고
각자 공평하게 시작한 줄달음이라도
도착 지점이 같다면
오늘 내리는 눈도
내일을 기다릴 비도 길 위에 선
무심한 양 의미도 퇴색될 터
마음에 봄
가슴에 봄을 불러 오늘 그 거리에 서고 싶다

요양일지 · 5

— 별거 같은 인생 별거 같지 않은 인생

나는 말이지
세상에서 고스톱이 젤루 재미났어
우리 할아버지는 아무 말 없이
내 화투 빚을 다 갚아줬지
그때 마지막 한꺼번에 갚은 게
칠천 오백만 원이었어
이상해 고스톱으로 잃은 돈은
하나도 아깝지 않아 내일 또 따면 되거든

여든넷 노쇠한 몸은
걸어서 봄을 맞을 일이 없다고 웅얼거렸다
난 그냥 갈 거야
할아버지도 겨울에 갔어
나도 그래야겠어
다신 화투 하지 말라고 유언했는데
난 화투가 하고 싶어
화투 할 줄 알아?
한 번만 놀자 점 백

그림 맞추기 게임의 진수는
화투가 으뜸이지 좀 단조로울 땐
가끔 섞어 비고돌이로 비비고
육백으로 삼봉으로 비벼 먹지
고스톱에서 대접 못 받는 목단이

육백에선 몸값을 자랑하고
고스톱에서 빨 받는 똥 피와 구 쌍피가
민화투에선 맥 못추는 쭉대기지

인생사가 그래
때론 피똥 싸고 피박에 쌍코피에 코 박아도
사시 청청한 소나무에 학이 앉은 풍경에
시린 동장군 서슬에도
목숨 내미는 매화며
살구꽃 환하게 피는 춘삼월 지나
팔공산 달뜨는 밤에
짓쳐 핀 국화향과 시월 단풍 무르익는데
푸짐한 한무대기 똥 꿈 흥건한데
다시 봄맞이 기약하며 손이 들잖는가
인생사도 그림 맞추기 게임인 게야

어무이 지랑 화투 한판만 하고 가시소
내사 짝 맞출 줄 안다 아입니꺼
그라고나서 할아부지 오시모
두말 말고 손잡고 강 건너시소
주무신 듯 피안하게 그리 가시소
꼭 한판만 치게 일어나 보입시더

팔공산 달빛 좋던 새벽참
화투 한모 가슴에 묻고
내 간다. 그동안 고마웠지

슬그머니
미소 두고 떠나시길래 그저 웃어드렸어
인생 별거겠어 살아보니 별거 아니라서
별거처럼 티 나게 살아보려 아등바등이었지

인생 별거겠어
그저 서로 바라보며 웃어주는 게 최고가
아닐까 싶기도 하고.

요양일지 · 6

— 사람 똥 치우는 년, 개똥 치우는 년

— 난 요양보호사 하는 게 엄청 즐거워요
동창회 나가서 요양보호사 한다고
너무 보람되고 좋은 일이라 했더니

— 얼마나 없이 살길래 똥 치우는 일을 하냐?
남편이 돈 못 버냐?

너무 어이없는 반응에 충격이었다고
지금은 요양보호사 그만뒀다고 거짓말한다고
푸념 섞인 한숨을 내쉬며

— 어떻게 저렇게 예쁜 사람들을 두고 그만둬요?
캬캬캬캬~저 어르신좀 봐 어떻게 저렇게 이쁘냐고요 ㅎㅎㅎ

— 쫑아쌤 빵빵하게 사는 거
하늘이 알고 땅이 알고 내가 아는데 뭔 소리래
갸덜이 쫑아 쌤이 얼마나 부자인 줄 모르는구나

— 그나저나 시드는 꽃이 참말로 아름답죠
히히히 진짜 이뽀이뽀 내 모습도 저리 이뽀야쓰껏인디 ㅋㅋ

—우린 열심히 봉사하고 치매 안 걸려야죠 헤헤

―1년 봉사하면 치매 안 걸린다는
보증서 같은 거 받을 수 없나?
그런 거 있다면 봉사자들로 미어터질라나?

사람들은 자신들과는 먼 풍경이라 생각한다
매미(태풍)보다 더
강렬하게 덮쳐올 재난이라고 생각지 않는다

205호 엄니 딸이 면회를 왔다
살갑게 인사하시며 바깥에서 밥 한번 먹자신다
손을 휘이 저으며 밥 먹은 걸로 치고
옵션으로 친절 얹어 더 잘해드리겠다고
너스레를 떨었다
그새 일 년도 안 된 사이에 폭삭 늙은 그녀다
허긴 벌써 칠십 줄이라 했으니
머잖아 엄니가 떠난 자리 차지가
그녀 자리가 되지 싶어 인생 참 쓴맛이 돈다

삼 사대가 한집에 모여
낳고 자라고 늙어가던 시대는
그리 멀지 않은 과거였다
작은 사회가 형성되어 있어 어지간한 도리는
저절로 답습되었던 집안 체계
어느새 금줄이 걸리고 세상을 놀래켰던

아이가 어른이 될 무렵 집안의 어른은
다리를 셋으로 늘리더니 다리 넷이 되고
영영 쓰지 못할 다리가 되면서
똥과의 전쟁이 시작되었다

노망과 똥칠이 벽화를 그릴 즈음
똥을 건사하는 가족의 성의에 따라
똥 냄새가 진동하기도 했고
똥 냄새 대신 사랑의 향내가 퍼져 나기도 했다
사람 똥은 당연히 사람의 몫이고
응당 사람의 몫이어야만 한다

요즘은 개똥 치우는 년들이 세상을 지배한다
사람 똥은 더럽다고 요양원으로 폐기 처분하고
대신 개똥을 즐겁게 치우는 년들이 득세한다

요양일지 · 7

―눈물

오 년째 배꼽 줄로 생명을 연장하고 있는
어머니에게 큰아들이 면회를 왔다
아들이 돌아가자
어머니 눈에서 눈물이 주르륵 흘렀다

어머니! 아들 왔다 갔는데 어인 눈물이셔
깜짝 놀라 물었다

옆 침대 순분 씨가 조용히 사연을 들려주더라
어머니 이제 제발 가시오
제발 아버지 곁으로 가시란 말이오
큰아들이 어머니를 붙들고 제발 좀 가시라고 했단다

큰아들 앞에서 차마 참았던 눈물이
샘처럼 터진 거구나 그래서 우셨구나 했다
그 어머니께서 오늘 점심나절에
홀연히 떠나셨다
큰아들은 큰 울음으로 홀가분해지려나

병원응급실에 가신 줄 아는
옆 침대 순분 씨가 묻는다
아직 소식 없어요?
네 아직요 그런데 예감이 떠나실 것 같아요
가시는 게 편할 거야

자식들도 살아야지요
우리 아들도 힘들 텐데 누워있기 눈치 보여요

하~~참
사람 목숨이 질기디질긴 것 같다가도
한순간에 떠나는 것을
어머니께 마지막 인사를 하면서 되돌아서는데
한숨이 목을 타고넘다 채 한다

요양일지 · 8

— 떠나온 길 끊어진 길

어무이 오늘 난리 났어요
미국 대통령하고
북한 김정은하고 싱가포르에서 만나서
다시는 전쟁 안 한다고 약속한대요
철도가 북한하고 연결되려나 봐요
기차 타고 함경도 갈 수 있을 것 같은데요
어무이 고향이 함경도 어디라 켔제에~

함경도 청량리 명문동~ 청량리~~~
1.4 후퇴 때 흥남에서
고모랑 삼촌 둘이랑 조카 셋이랑
배 타고 내려왔어
조카들을 잃어버리고 몬 찾았어
부산에서 거제도로
거제도에서 부산으로
부산에서 서울로 왔제
열 다섯에 왔어
아부지가 흥남에 공장 많았는데
거기 공장에서 일 했어
나만 고모랑 삼촌 따라왔어
기차가 간다고?
진짜로 기차가 가나?
거짓말이제?

또렷하지 못한 말로
단숨에 숨 가쁘게 늘어놓는 바람에 깜짝 놀랐다
저녁으로 죽을 상위에 놓은 채
죽 드시게 하려고 분위기 띄우려 했던 말에
이런 반응일 줄이야
순간 눈이 붉어지시고
목이 메어 밥숟갈을 마다하시고
내 고향이 청량리야~ 청량리야~
함경도 청량리~~~
누군가에겐 아픈 칠십 년
뼈저리게 사무친 화산 같은 그리움
툭 터져버린 봇물처럼 격랑이 이는
여든 넘은 노안의 홍조

고맙쏘 고맙쏘 내 우에 가겠냐만
소식 전해주어 고맙쏘
어무이요
기차 가게 되문 휠체어 밀어 드릴 테니
함경도 고향에 가보입시다
그랑께요 밥 자시소~

함경도에 명문동이 청량리가 있는지 내는 모른다
허나 함경도에 저 말 비슷한 동네가 있을 거다

김기림 시인의 길이 떠 오른다

내 소년 시절은
은빛 바다가 엿보이는 그 긴 언덕길을
어머니의 상여와 함께 꼬부라져 돌아갔다

중략

할아버지도 언제 난지 모른다는
마을 밖에 있는 늙은 그 버드나무 밑에서
나는 돌아오지 않는 어머니
돌아오지 않는 계집애
돌아오지 않는 이야기가 돌아올 것만 같아
멍하니 기다려 본다

(김기림의 길의 전문 중에서)

돌아오지 않는 그 길
돌아갈 수 없는 그 길
저 어무이는
시방 요양원에 계셔도
그 길 위에서 서성이고 계셨나 보다

요양일지 · 9

— 피에 관한 진리에 대한 소견

1.
피보다 진한 게 돈일까
돈보다 진한 게 피일까
피가 물보다 진한 건 진리가 분명한데
피와 돈 사이에
흐르는 끈끈한 그 무엇의
정체는 무엇일까
거대한 댐 같아서
막혀 있을 땐 아름다우나
무너지면 재앙 같은 것?

2.
○○야~~~
○○야~~~
303호실에서
304호실에서 외치는 절박하게 찢어지는 소리
○○야~~~
엄마 여기 있다 데리러 와~~
엄마 여기 있어~~
○○야~~~
아~ 저 어머니 아들이 ○○이
저 어머니 아들은 ○○구나

발작과 발광의 사이
진하고 걸쭉한 피의 강이 흐른다
발이 빠지고 점점 몸뚱이가 빠지고
혼미한 영혼마저 빠져들어
살점 하나까지 녹아들어
걸쭉해지는 피의 강

3.
아들 왔어요?
내 아들 왔어요?
아들 언제 와요?
내가 어떻게 벌어서 집사고 땅 샀는데
즈그들이 나를 버리면 안 돼
날 우습게 여기면 안 되지 안되고말고
이렇게 날 괄세하면 안 되지
옷 보따리 달랑 싸서 여기 데려다 놓은 거 보니
저것들이 낳고 키워준 은혜도 모르고
나는 버리는 것이여
나 저 보따리 안 풀어요. 못 풀어요.
집에 가야제 내가 여기 있을 사람이 아니여
입소가 뭔지도 모르고 아들 따라나선
어머니의 절규는 밤을 이어 낮으로 또 밤으로 이어지고...

4.
한반도에 흐르는 물보다
진한 피의 강은 유난히 붉다
남북에 평화가 오려나
만년이 지나기 전
오작교가 놓이려나 싶게
서쪽에서 까치가 우나 했더니
까지란 놈 되반작 변덕에
한반도 걸쭉한 피의 강이
죽 끓듯 부글부글 끓는다

이제 만나보자
물보다 진한 피 맛 좀 보자꾸나
원한의 주머니를 비워내고
그 안에 평화의 비둘기를 키워보자
새들도 오가고
노루도 오가고
수달도 오가는 그 강을 우리 함께
건너가고 건너오자

그러자
제발
제발

요양일지 · 10

— 곡소리로 곡하기

나 죽을란다 하심서
밥을 거부하시는 어머니께서
나 죽으면 울어 줄 거야? 하신다

아이고 아이고~~~이제 가면 언제 오나—
전라도 진양조 버전인데 어떠서?

하하하 그거 말고~

아이고 아이고 아이고
경쾌한 경상도 안동지방 달구가요
마음에 드서?

하하하 그것도 싫다~

그럼 전국구 조선팔도 곡소리로 들려드릴랑께
골라 골라 골라잡으셔
국문학 공부하던 시절에 조선팔도 상여소리 모아서
일 년 열두 달 녹아지게 들음서 연구했던 가락 있기에
모조리 끌어내 곡소리 해제낌시러 어머니가 골라보셔
원하시는 곡으로 고르시면
실컷 곡하면서 울어 드릴랑께
능청스레 빠른 버전으로 편곡해 들려드리니

하하하 다 마음에 안 든다~

그럼 딱 하나 남은 울음소리 있네
응애 응애~~~~응애~~~^^

깔깔 웃으심서 숟가락 잡은 어머니 앞에서
재롱잡이로 너스레 곡소리로 풀어낸다

나를 두고 어이 가오 엄니~~~~
요래 울까~ 저래 울까~ 소원대로 울어드릴랑께~
골라잡아보시씨요 엄니~~~~엄니~~~

옆 침대 어머니께서 배꼽 잡고 깔깔 웃으신다
죽으면 울어줄거냐며 밥 안 먹고 죽겄다던 엄니
그 사이 밥 한 사발 뚝딱 비우셨다

나 곡소리 대행사 해도 쓰겄어

요양일지 · 11

— 화장과 화장 사이

시신의 온기가
아직 남은 손으로
거울을 들여다보고 화장을 한다
한 끗 차이야 그치
죽은 것 살아있는 것

눈을 감기고
틀니도 없는 입을 다물리고
수염을 깎고
새 옷을 입히고
귀에 가만히 속삭였다

아부지 길 잘 찾아가세요
이 세상에서 졸라 좆 같았으면
금수저 물고 함 더 오세요
그리고 뺏기지 말고 금수저로 누리고 살아봐요 까잇꺼
쩌나 여나 사는 건 그렇구 그럴 거예요

분칠을 하고 분첩으로 톡톡거리고
분홍립스틱을 칠하고
생일 턱이라고 고생한다며
치매 걸리신 엄니 보호자 딸이
한 말 쪄온 백설기 오물거림서 화장을 한다
화장하러 떠나실 아부지 위해 기도드리며.

요양일지 · 12

— 나 오이뿐이다

나는 108세 이뿐이다
아직도 내 아랫도리는 탄탄하다
분홍색 스웨터를 좋아하고
예쁜 양말을 신는다
어쩔 수 없이 기저귀를 차지만
내 튼실한 정신 영역은 맑음이다

간혹 현실과 과거가 뒤섞인 듯하지만
그 누구도 내게 탓하지 않는다
내가 지내는 곳은 작은 침대지만
이곳은 한 세기를 너끈히 살아낸
내 몸뚱이를 눕히기에 모자람이 없다
난 늘 꿈을 꾼다

내가 낳은 여덟이나 되는 아들놈과 고명딸이
나를 집으로 데려가는 꿈
차마 포기하지 못하는 마음이
잠꼬대로 아들을 부르나 보다
나 집으로 데려다줘, 날 집으로 데려다줘
집으로 가는 꿈은 전설로 침대맡에 수북이 쌓여 간다

옆 침대의 그녀는 누워서 기척이 없다
밥도 배꼽에 긴 줄이 붙어있어 거기로 먹는다
참 신기하다 궁금해서 말을 붙이면
그녀는 미동도 없이 마음으로 말을 전해 온다

―할머닌 어찌 그리 건강하신가요
지는 겨우 팔십인데 이 모양이에요
―세상에 자랑 말 것이 나이 자랑이여
시방 내 꼬라지가 그리 자랑할 건덕지가 못 되지 않은가
어느새 세월이 날 여기다 데려다 놓았구먼
워째 젊은이가 그리되었당가
밥은 입으로 먹어야 제맛이제
그렇게 배꼽 줄로 먹어서야 맛을 안 당가? 벌떡 일어나불소.

요양일지 · 13

— 다짐과 길

요양원에서 돌아오자마자
책꽂이에서 노인 복지론을 꺼내 들었다
상담이 몇 페이지쯤 있었는데
책장을 넘기다 상담 쪽을 포기하고
노인학대와 노년기와 죽음 준비로 뛴다

학대를 돋보기로 들여다본다
구체적으로 길게 나열된 내용을 확인하면서
절로 새어 나는 한숨의 길이도 같아진다
존엄함은 인간 스스로가 포기하면
물꼬 터지듯 허물어지는 것

우린 위험한 둑을 받치고 선 한 그루 나무다
버텨내야 한다, 그리고 뿌리를 내어 숲으로 키워야 한다
무성한 잎을 내고
가지를 뻗어 새들이 날아와 둥지를 틀고
배부른 쉼을 얻을 터를 다져야 한다

여든일곱 친정어머니와 전화가 연결된다
엄마 이번 설날 요양원에 일하는 날이요
엄마 보는 대신 요양원 어르신들한테
엄마한테 하듯 해드릴랑께 양보 하씨요 잉
오매오매 그래라 모다들 죽고 싶어도 뜻대로 못 죽고
으째야쓰것냐 나도 무섭다 으째야쓰끄나
긍께말이요 너나 나나 비켜 갈 길이 아닌성싶소

오늘 아침 흥얼거리던 찬송을 들으셨는지
믿음 좋으셔서 찬송으로 하루의 절반을 쓰시는
아흔넷 되신 분이 분께서
큰소리로 교훈을 베푸시며 타박하신다
― 천국 가시란 말은 아흔넷 되는 사람에게
허문 안되는 소리여 그런 말 하면 못 써유-

뜨악! 천국 가시라 했다간 학대죄로 고소당할지도!

요양일지 · 14
— 끝없는 인내와 자비와 긍휼의 관계성

띵동
41번 불이 들어온다
또 그 어머니 상습적인

약을 주세요
약 먹을 시간이잖아요

벌써 네 번째 벨을 누르셨고
네 번 약을 드셨다고 설명을 드렸는데요
지금 다섯 번째 벨입니다

내가 약을 먹었어요?
네 저녁 식사 후 제가 먹여드렸어요
지금 시간은 저녁 10시구요
돌아서 선뜻 방을 나서지 못하고
손을 잡아 드리려는데 쑥 뺀다
언제나 얼음장 같은 분

오늘 며느님이 면회 왔던데 혼자 왔어요?
아뇨 아들이랑 같이 왔어요
둘째 며느리에요 손녀가 있지요

그러신가요
세상살이가 참 엿 같을 때가 있죠
이 세상에 온 걸 소풍왔다고도 말한답니다
그런데 이노무 소풍이 늘 즐겁고
행복하지만은 않아서 탈인 게지요
어머니
노여우심이 있다면
서운하심이 있다면
이제 다 놓아버리시고 풀어버리세요
불쌍하고 가엾이 여기시는 마음으로
마음을 풀고 잠들어 보세요
조용히 감는 눈가에 이슬이 흐른다

아
진짜 사는 게 뭐냐
인생사 1002호나 1004호나
문 열고 들어가면 사는 게 거기서 거기라지만
밉상인 어머니 머리를 어루만져 드림서
평안히 주무시라 속삭이는데
움푹 패어 있는 부분에 손이 닿아 움찔했다 뇌수술했어요
그리고 대장암 수술도요

그런 데다 이번에 넘어지셔서
고관절 수술까지 하셨네요 허 참~~

치매 증상이 부쩍 깊어지며
안절부절 못하시는 여든의 어머니
가만히 문을 닫고 나와
모니터를 살피니 잠든 척이라도 해주시는 건지
한동안 잠잠히 계신다

― 평안히 주무세요
어머닌 이 땅의 주인이셨으며
의지의 한국인이십니다
어쩌면 우린 모두 당신 자식이며
우리 모두의 부모님이시지요

내 마음의 눈가에 이슬이 맺히고
이슬이 방울 되어 떨어지는 건 또 뭐냐 허~참

요양일지 · 15
— 석양증후군

저렇게 아름다운 석양은 처음 봐요
사랑하는 이에게
내가 돌아올 때 이걸 읽어줘요
우리 사랑이 우리 둘을 묶어줄까요
그 밤 그렇게 노부부는 더 이상
아름다울 수 없는 기막히게
눈부신 석양으로 걸어 들어갔다
그 너머 세상에서 다시 나란히 피아노에 앉아
젓가락 행진곡을 연주하기 위해

저만치에 묘비가 보이고
노을빛으로 물든 강물을 따라 노 젓는 사람들
찬란하고 황홀하길 꿈꾸었던 석양
비가 오면 바라다보이지 않는 석양 앞에서
허둥지둥 헤매는 증후군의 굴레를 어찌할까

석양은 미처 예측하지 못한
낯선 길을 열고 돌이킬 수 없는 절망과
슬픔의 강으로 인도한다

망각의 강물을 미리 길어서 마신 사람들
머릿속에 생겨난 성능 좋은 지우개는
성큼성큼 전신을 지워내지만
사랑의 존엄만은 지우지 못하리

그리하여 사랑의 빚을 지라
망각의 강을 노 저으면서 받을
성스러운 사랑의 품앗이 빚을!

요양일지 · 16
— 무병장수 유병장수

손주며느리가
시 할머니 110회 생일 미역국을 끓여
마지막 미역국일까요 하면서
요양원을 방문했다
이쁜 씨는 손주며느리가 끓여온
미역국을 맛나게 드심서
몇 년 거뜬하실 힘을 얻었다

주 보호자로 등록된 손주가
이쁜 할머니의 요양원 비용을 치루려고 방문했다
손주도 어언 오십 줄이다
한 달 60만 원이 큰 등짐으로 버겁다
빨리 등을 펴고 싶은 손주의 마음이
할머니를 뒤로하고 요양원을 나간다
등에 겨울바람이 앉는다
무거움이 느껴져 눈을 돌리고 만다

―아이고 아이고 친정에 전화 좀 해줘
나 아파, 데리고 병원에 가달라고 전화해 줘
―우리 둘째 며느리가 많이 아프대
어떡하지 내가 죽어야 하는데
―아리랑에 흥이 겨워 어깨춤 들썩이시며
춤추는 거 참 이뻐 춤 좀 춰봐

이쁜 씨 9남매 중 세상을 먼저 뜬
자식도 있다 했다
오늘도 이쁜 할무이는
밥그릇에 싹싹 긁는 소리가 들린다
천세 천세 천천세
만세 만세 만만세를 외치는 건 사기술이다

장수 앞에 장사 없다(없는 자들에겐)
무병장수거나 유병장수거나 간에.

요양일지 · 17

— 저, 꽃 환장나게 이쁘다

1.
그녀가
깔깔깔 웃는다
태양을 토하나 보다
달님을 뱉나 보다
그녀가 그녀가 커다랗게 웃는다
1.4 후퇴 때 잠깐 고모 손 잡고
남쪽으로 마실 나온
복순씨가 끊어진 철도를 잇고 있다고
기차 타고 함흥 갈 수 있다고 하니
저리도 찬란하게 웃는다
여든다섯 송이 숭얼숭얼 만개한다

2.
그녀가 자울거린다
양평 어디께 고추거리가 있고
주어리가 있는데
그녀는 용담초처럼
고추거리에서 피었다가
주어리에서 할미꽃으로 수그리고
뽀송뽀송 다시 피었다
콩밭 매고 고추 따던 푸른 손길이
머잖아 바다를 쓸어 담겠다
오늘도 자울자울 고개 빠지는
할미꽃인걸
차마 어여뻐 봄까지야 가실랑가

3.
그녀가 웃는다
소리 없이 쿰쿰쿰 커다랗게 웃어 제낀다
말을 해요 어서 말을 해
예순 갓 넘어 찐빵처럼 부풀어
만두 속처럼 비밀을 간직한 채
침대 하나 차지하고 누운 순분 씨가
씨익 쿰쿰쿰 씨이익 웃는다
발 펴줘요
오른쪽으로 밀어줘요
바깥으로 데려가 줘요
요구사항은 멸치똥처럼 쌓이고
그녀의 웃음은 피빛 노을로 익는다

저, 꽃
저, 꽃
저, 꽃

미치고 환장 나게 어여쁘다

요양일지 · 18
— 출구 없는 갇힘에서 벌어지고 있는 일

그녀의 나이가 절뚝거렸다
마음이 올곧지 못해 생긴 병이었다
그녀의 기도는 누구도 듣지 않았지만
그녀는 절뚝이며 새벽기도를 간다
왠지 죽어야 할 것만 같아서
죽기를 소원했지만
절뚝이는 나이가 죽는 걸 방해했다
잠 속은 질서가 파괴되었고
섬망이 엿보고 치매가 기웃거렸다
사신은 나뭇가지에 앉아
그녀의 졸음을 기다린다

그 남자는 하루에 두 번씩
도심으로 나가 여자와 그것을 하고
돌아온다고 했다
그것이 벌떡벌떡 선다는
송장 같은 남자는 두 팔을 벌리고
여자를 끌어안으려 아우성이었다
여자를 품으면 물고 놓지를 않으며
여자가 좋아 죽는다고 말하던 그 남자는
진기가 빨려 선지 나이 일흔셋에
오직 그 짓만 생각하며
요양원에 갇혀 있었다

그 남자를 면회 후 골몰하다
꽃 진 자리에 좋은 열매는커녕
저 흉스러운 흉터를 어쩌랴 싶어 한숨만 깊었느니.

요양일지 · 19

— 가지치기

오늘도 난 가위를 들어
서슴지 않고 가지치기에 전념한다
때가 되면 자라나는 것들에 대한
예의와 경외심 따위 없이
무의식과 의식을 교차시키며
사정없었던 가위질

때론 시간을
때론 자존심을
어느 땐 자만심을
그러다 나와 너의 밉상을
자라나는 모든 것에 대해
가지치기를 쉬지 않았음에 허리를 곧추세운다
오십팔 년쯤에 수명이 다다르자
가위의 본질과 소스라치는 가지들의 아우성을 듣는다

시드는 꽃 한 송이 한송이에게만은
곱게 곱게 가지치기를 한다
반달로 잘리우는 그리움이
조각난 정이, 사랑의 파편들이 튀면서
가위가 모처럼 흠칫거리며 울먹인다
백 년, 말이 백 년이지 여기까지 올 적에
겪었던 아픔과 서러움의 소리다

어무이 손톱이 잘쪽잘쪽 참말로 이쁘요
싹둑싹둑 가지치기 아깝네 아까워
이 손으로 별 별일 다 하신 위대한 손일 텐디

어무이 아따매 우째 발톱이 이래 생겨부럿쓰까
이 발로 자슥 시키들 배 채워주고
대가리 속에 지식 빵빵하게 넣어 줄라꼬
종종거리다 봉께
보통 가위로는 가지치기가 안 될 만큼 썽이 나부럿소잉

―내가 참말로 좋은 쓰매끼리를 갖고 있었는디
금메 누가 딱 훔쳐가부럿당께
야스리도 있어서 싹싹 밀고 좋았는디...

아 ― 쓰매끼리 ―야스리
자조의 쓴웃음 소리가 목에 걸려 가시가 된다
쓰매끼리로 확 잘라버리고 싶구나
35년의 짓밟힌 역사의 쓴물이 오른다. 씨발이다.

요양일지 · 20
— 나 요즘

치매 노인들을 돌보면서
은하계 별보다 더 많은 생각을 한다
어떻게 하면 비켜갈까
뇌 운동을 해보려고 시 암송을 시작했다
우선순위로
학창 시절 주저리주저리 읊어댔던 시부터 ―

월영의 월영가
김기림의 길
정지용 향수
조지훈 승무
박인환 목마와 숙녀
윤동주 별 헤는 밤
문병란 인연서설
서정주 상리과원
도종환 접시꽃 당신
문정희 한계령 연가
무영의 개나리꽃 그리고 라일락 연서

우선 100여 편을 추려놓고
5편의 시를 암송한다
어느 세월에 백 편을 외울까 싶냐만
다문다문이거나 싸목싸목이거나
한 걸음 내디딜때마다 머리에 쟁여지는
시편의 수는 쌓이리라

너 치매 걸리모~
이름도 모르요 나이도 모르요 함스러
시만 외우고 있것지

치매 비켜내는 방법으로
시를 암송하겠노라는 내게 빈정대는
벗 월영시인의 일침으로
배꼽을 움켜쥔다

난 이미 고상한 치매인이다

요양일지 · 21

— 효자손

불현듯 등이 가렵다
팔이 구부러지 않자 발을 들어본다
어림없는 수작인줄 알지만
등이 가려우면 팔을 따라 왜 발이 들썩일까
내 등판과 등골은
수시로 전쟁을 치루는 병사들을
훈련하는 조련장이다
부산스럽고 시끄럽게 들쑤신다
그러니 불현듯이란 표현은 걸맞지 않다
늘상 들쑤시는 창끝의 간지러움이 있으니 말이다

너른 등판과 등골을 넘나드는
조련장의 질서를 집는 데는 바로 이거다

효 자 손

누구의 발명품이랄 것도 계산할 여유가 없다
그저 훈련병들의 훈련을 가지런히 하고
그들의 병기가 상하지 않게 보존하는
임무를 다하는 효자손을 다루는
탁월한 능력쯤은 갖추었기 때문이다

효자손의 유래는 할머니 때부터 시작된다
할머니 품에 푹 파고들면
고요히 손을 넣어 등을 쓰다듬으셨지
그러면 세상의 전쟁은 끝이 나고
온 세상에 물밀듯 평화가 그득 채워졌다
할머니 손이 멀어지고
그 손이 그리움의 무게를 더해 갈 때쯤
효자손들이 태어나고 족보를 이루고
자자손손 번성했다

효자손의 후손들이 자라
너른 등판에 시도 때도 없이 발발하는
전쟁의 소란스러움을 순식간에 제압해 왔다

아직은 효자손이 승리를 거머쥔다
내 팔이 성할 때까지 승리의 깃발이 들리리라
성할 때까지만 생각하자
그 후 패잔병이 되어 효자손이 따르지 못할
인류로 남을지라도 아직은 희망가를 불러야 할 때.

그러고 보니 요양원 어머니들 침상에
재산목록 1호로 효자손이
진짜 효자로 사랑을 받고 있지.

박하경 시집

헛소리 같지 않은
뻘소리라고 누가 그래?

초판 발행일 2023년 5월 25일

지은이 박하경

펴낸이 양상구
웹디자인 김초롱
펴낸곳 도서출판 채운재
주소 우) 01314 서울시 도봉구 시루봉로 15라길 38-39 301호
전화 02-704-3301
팩스 02-2268-3910
H·P 010-5466-3911
E-mai ysg8527@naver.com

정가 15,000원
ISBN 979-11-92109-38-1(03810)

@박하경 2023
* 이 책은 저작권법에 따라 보호받는 저작물이므로 무단전재와 무단복제를 금지하며 이 책의 내용 전부 또는 일부를 이용하려면 반드시 저작권자와 도서출판 채운재의 동의를 받아야 합니다
* 파손 및 잘못된 책은 구입처에서 교환해 드립니다